本书受到以下资助：

浙大城市学院数字金融研究院资助

浙江省哲学社会科学重点课题资助（12YD12Z）

浙大城市学院杭州市工商管理一流学科资助

数字低碳背景下小额贷款公司可持续发展机制研究

李纪明　著

ZHEJIANG UNIVERSITY PRESS
浙江大学出版社
·杭州·

图书在版编目（CIP）数据

数字低碳背景下小额贷款公司可持续发展机制研究 ／
李纪明著. -- 杭州 ： 浙江大学出版社，2023.9
ISBN 978-7-308-23963-9

Ⅰ．①数… Ⅱ．①李… Ⅲ．①数字技术－应用－贷款
－金融公司－可持续性发展－研究－中国 Ⅳ.
①F832.4-39

中国国家版本馆CIP数据核字(2023)第116024号

数字低碳背景下小额贷款公司可持续发展机制研究

SHUZI DITAN BEIJING XIA XIAOE DAIKUAN GONGSI KECHIXU FAZHAN JIZHI YANJIU

李纪明　著

责任编辑	杨　茜
责任校对	许艺涛
封面设计	周　灵
出版发行	浙江大学出版社
	（杭州市天目山路148号　　邮政编码　310007）
	（网址：http://www.zjupress.com）
排　　版	杭州林智广告有限公司
印　　刷	广东虎彩云印刷有限公司绍兴分公司
开　　本	710mm×1000mm　1/16
印　　张	13.75
字　　数	202千
版 印 次	2023年9月第1版　2023年9月第1次印刷
书　　号	ISBN 978-7-308-23963-9
定　　价	68.00元

前　　言

经过 10 多年的发展实践，中国小额贷款公司为有效吸纳民间的投资热钱、引导过剩的社会产业资本合理有序地分流到正规化金融体系提供了通道。其"支农支小"、扶贫减贫，促进经济发展的效果明显，获得了较好的经济效益和社会效益。商业化小额贷款运作展现了小额贷款公司的灵活性和适应性，成为改善县域地区金融服务、增加中小企业和"三农"贷款供给的重要平台。

当前多数小额贷款公司已经经过了资本集聚、市场定位、业务模式探索阶段，其所面临的问题也开始由"如何站稳"进阶到"如何走得更好"。调研发现，小额贷款公司试点过程中出现的问题和遇到的困难主要体现在法律框架和监管体系尚不成熟、税费与经营成本难降低、机构扩展步伐放缓、"支农支小"力度不够强、内控机制和风险控制不完善、自我约束和团队素质有待提高、发展前景有待明确等方面。

影响小额贷款公司可持续发展的关键因素由外部环境、运营技术和财务状况三个维度组成，而小额贷款公司可持续发展绩效维度可分为经济可持续性绩效和操作可持续发展绩效。实证模型研究显示：运营技术、外部环境、财务状况经过企业规模调整后，对小额贷款公司经济可持续性绩效的影响程度要大于操作可持续发展绩效。研究还显示，运营技术、外部环境、财务状况及企业规模与浙江小额贷款公司可持续发展绩效维护中的经济可持续性均存在正相关关系。

研究表明，小额贷款公司的运营模式主要是股东依托运营模式、银行依托运营模式、地区和产业集群依托运营模式及担保依托运营模式。本书以贷款对象为切入点，通过实证分析表明，小额贷款公司主要采取个人贷款和创业贷款混合运营模式。股份转让模式和债券发行模式未来也可能成为小额贷款公司可持续运营的补充模式。

绿色小额信贷在改善农民生活质量、建设美丽乡村、推动小微企业绿色生产、增强农民的社会责任感、培育小额信贷环保责任意识，以及促进绿色就业等方面都发挥着巨大作用。对比国际绿色小额信贷发展的实践和经验，结合当前我国绿色小额信贷存在的不足，得出我国发展并健全中国特色的绿色小额信贷制度的有益启示：一是不断提高国民的环保意识，大力发展绿色小额信贷；二是发展绿色小额信贷，顶层设计是关键，政府支持引导是支点；三是以小额信贷机构为切入点，大力发展中国的绿色小额信贷机构；四是建立绿色小额信贷的环境影响和绩效评估系统（EIPA），注重国际绿色合作与交流；五是不断拓宽绿色小额信贷机构的融资渠道；六是实施非金融服务；七是建立风险控制体系；八是创新绿色小额信贷激励机制。

近年来，金融供给侧结构性改革成为金融业当前的核心任务，而中国金融科技的快速发展促进了数字普惠金融在中国的迅速发展，为我国小额信贷行业的可持续发展注入了新的活力。通过政府和机构两个层面的共同努力，小额信贷业务利用数字化技术创新平台，促进中国普惠金融发展迈上新台阶：一是利用数字技术完善个人和社会信用体系；二是实施数字普惠金融配套支持政策；三是利用数字化技术健全数字普惠金融体系；四是建立健全数据立法并利用数字化技术加强金融监管；五是加强机构间合作与健康商业生态圈的构建；六是利用数字化技术加强消费者保护，提高金融机构数据收集整合能力，防范数字化技术带来的新风险；七是培养数字化技术人才和创新能力。

小额信贷有以下发展趋势：一是从小额信贷到微型金融，实现服务内容和服务对象的扩展；二是从福利主义到制度主义，实现扶贫与可持续的目标统一；三是小额信贷的商业化导向；四是小额信贷技术上的创新；五是小额借款机构进入资本市场。

小额信贷面临的挑战主要为：一是小额信贷行业商业化面临的挑战；二是资本市场投资小额信贷的可持续性面临的挑战；三是借款证券化给小额信贷服务

者带来的风险；四是技术创新对监管带来的风险；五是信贷信息系统（CIS）的挑战；六是小额信贷监管的挑战。

本书围绕在中国当前数字和绿色转型的新形势下，小额贷款公司如何更好地发挥对小微企业和弱势群体的金融覆盖面这个中心问题，以高新技术型、创业型中小微企业创业众多和民间资本活跃的浙江省杭州和温州两地小额贷款公司为调查样本，运用理论分析、案例分析方法和数量统计分析法，深入剖析了小额贷款公司可持续健康发展的关键影响因素，并在此基础上，探讨小额贷款公司可持续发展路径选择策略，为小额贷款公司的发展和改革提供建议。

一、基本研究结论

第一，小额贷款公司可持续发展的关键影响因素由外部环境维度（包括税收优惠政策、政府公益性担保政策、国家放宽存款限制和国家的补助政策等）、运营技术维度（包括技术水平的优势、硬件配备的优势、员工的职业素养和审批速度等）和财务状况维度（包括资产负债比率、股东权益占比、贷款损失率和资金的周转率等）三个维度组成。小额贷款公司可持续发展绩效维度可分为经济可持续性绩效（包括贷款量的增加速度、品牌知名度的提高、风险控制能力和盈利水平）和操作可持续发展绩效（包括内部激励政策和产品种类）。

第二，通过建立关键影响因素与可持续发展绩效的实证模型，利用方差分析和回归模型进行研究，结果显示，运营技术、外部环境、财务状况经控制变量企业规模调整后对操作可持续性影响的显著性不强，说明小额贷款公司可持续性发展的各项关键因素对经济可持续性绩效影响程度要大于操作可持续发展绩效。研究显示，运营技术、外部环境、财务状况及企业规模与小额贷款公司可持续发展的经济可持续性均存在正相关关系，与实际经济意义相符，但运营技术的影响显著性较弱。

第三，研究表明，小额贷款公司的运营模式主要有股东依托运营模式、银行依托运营模式、地区和产业集群依托运营模式及担保依托运营模式。本书以贷款对象为切入点，通过实证分析表明，小额贷款公司主要是个人贷款和创业贷款混合运营模式。根据《浙江省小额贷款公司试点暂行管理办法》和《浙江省温州市金融综合改革试验区总体方案》，未来股份转让模式和债券发行模式也极有可能成为小额贷款公司可持续运营的两种补充模式。

第四，与国际上典型的小额信贷发展模式相比，我国的试点小额贷款公司在性质、组织结构、资金来源、监督管理上还存在着明显差距。当前对小额贷款公司未来发展前景的研究认为，在继续做好主业、保持小额贷款业务的身份外，一些优质小额贷款公司可以进一步考虑两条发展路径：专业贷款零售商和社区银行。

二、推进发展小额贷款公司的对策建议

在当前数字和绿色新经济形势下，金融创新拓宽了小额信贷的新渠道。在数字普惠金融时代，数字化技术的出现缓解了传统金融机构的内部矛盾问题，小额贷款公司的发展也面临着新的挑战。政府及有关部门应加大关注和引导力度，帮助小额贷款公司在规避风险的同时，又能平稳、快速、健康地发展。本书从影响小额贷款公司可持续发展的关键影响因素出发，结合国内外小额信贷发展的经验和教训，从改进和完善顶层制度设计（基于可持续发展绩效维度）、提高经营管理水平（基于运营技术、财务状况维度）和改善外部环境（基于外部环境维度）三个层面提出政策建议。

1. 改进和完善小额贷款公司的顶层制度设计

首先，应科学理解小额信贷的本质与定位，通过确定并完善小额贷款业务操作规程和标准、给予小额贷款业务清晰的监督管理尺度、不偏离金融创新的初始目标、理顺监管体制、创新监管方式、加强监测引导、发挥民间行业协会作用等方式引导小额贷款公司健康持续发展，推动小额贷款公司进入健康有序的发展轨道。

其次，利用数字技术完善个人和社会信用体系，实施数字普惠金融配套支持政策。政府应该不断鼓励数字化技术应用，出台相关的政策法规鼓励各类机构组织合作，建立多维度个人信用评价指标，让征信问题不再成为普惠金融发

展的拦路虎。鼓励金融机构利用数字化技术发展网络平台服务，进入农村市场，在提高服务质量的同时，规范化地管理金融机构的小额信贷业务。利用网络平台及线上运营来降低物理网点的营业成本，增加偏远地区的金融服务，降低金融排斥程度。

再次，建立小额贷款公司可持续融资通道，给予适度的金融支持。建立可持续的融资通道是实现小额贷款公司持续发展的前提和基础。建议开辟融资渠道，对服务"三农"和小微企业成效显著、内控制度健全的小额贷款公司，还可以采取提高向银行业融资的比例、组合贷款、债务重组等方式，实现资金来源多样化。

最后，明确小额贷款公司的发展方向。增强创办动力，明确小额贷款公司的未来发展方向，增强人们创办小额贷款公司的积极性。未来可选择的发展模式可以有：专业贷款零售商模式、社区民营银行模式和银行托管模式等。

2. 提高小额贷款公司的经营管理水平

首先，完善内部治理结构。通过制度安排，合理地配置所有者与经营者之间的权利与责任关系，可以从优化股东结构、合理设计公司治理架构和建立科学合理的激励约束机制三方面入手。

其次，提升内部经营水平。只有提升小额贷款公司的经营水平才能增强公司的竞争力，实现可持续发展。具体可以从合理制定利率水平、鼓励创新产品服务、建立有效的风险管理机制和制定绿色小额信贷操作指南等方面入手。

再次，加强机构间合作与健康商业生态圈的构建，利用数字化技术加强消费者保护。银行可以将不同的商业生态嫁接到共享、开放的平台模型之上，从而间接为客户提供各类金融服务。这种合作模式不仅可以拓宽客户来源渠道，还有助于多维度识别客户信用风险。数字化技术还应当用来保障消费者的权益，保障用户信息的安全，具体可以从加强底部数字化技术的架构，加强内部控制等方面着手。

最后，提高业务人员的整体素质，培养数字化技术人才和创新能力。从某种意义上讲，小额贷款公司比一般金融机构更需要优秀的人才，具体可以从挑选和培训业务人员储备人才和加强数字人才的培养等方面入手。

3. 改善小额贷款公司发展的外部环境

首先，建立完善小额贷款法律体系，培育良好的金融环境。尽快实现小额贷款公司接入中国人民银行征信系统，进一步推进农户电子信用档案的建设，完善农户信用信息更新制度，积极开展创建"信用镇""信用村""信用户"等活动，指导规范我国绿色信贷，制定和完善绿色小额信贷法律法规等。

其次，加大政策扶持力度，适度给予财税支持。目前小额贷款公司自我生存及可持续发展能力还相对有限，政府可以在特许经营中提供适度扶助。比如，制定财税优惠政策、设立小额贷款风险担保基金、逐步扩大经营业务范围和放开小额贷款公司的贷款利率限制等。

再次，建立多元化的农业社会服务体系。一是构建全方位的风险补偿机制，如建立农业贷款保险制度。二是为农户提供全方位的配套服务，如为农户提供各种各样的培训以提高他们的生产技能，包括家庭理财、养殖技术、科学种田、小本经营等，确保农户的投资产生良好效益，增强还贷能力，降低小额贷款的运营风险。

从次，健全绿色小额信贷监管制度。绿色小额信贷作为新兴的金融服务创新，要降低小额信贷机构参与环境管理的风险，推动借款人在经济活动中保护环境、不破坏环境，可以建立绿色小额信贷环境影响评价法律制度和绿色小额贷款审查制度，将环境和社会影响评价制度贯穿于小额信贷机构贷前审查和贷后监管始终，健全绿色小额信贷的监管制度。

最后，防范数字化技术带来的新风险，建立健全数据立法并利用数字化技术加强金融监管。在大数据时代，数据安全是发展的重要前提。可以建立一个全方位的风险监控体系，及时应对技术漏洞导致的突发情况，提前制定风险应急预案。同时，加快推进大数据相关立法进程，对民间高利贷等不法现象坚决予以清除，避免灰色交易现象。通过立法手段，激励机构合规运营，促进行业可持续健康发展。

目　　录

第一章

绪　　论

第一节　研究背景

按照世界银行的定义，小额贷款公司是以中小型微型企业、个体工商户和农户为主要客户，发放小额贷款和提供金融服务的小额金融机构（microfinance institutions，MFIs），是小额信贷组织的一种。小额信贷是金融普惠的主要手段。小额信贷（microcredit）或小微金融（microfinance）是一种可供选择的"向非常贫困的人提供小额度贷款，目的是让他们可以从事产生收入的自营职业，从而使得他们可以照顾他们自己和他们家庭"（Microcredit Summit，1997）。这里的"非常贫困的人"包括广泛的低收入群体、贫困群体和小微企业。由于小额贷款公司具有专门化和商业化运作的特征，因此，其非常接近国际的小额信贷或微型金融机构。

发展经济学认为，金融服务是信贷服务，其在增加贫困人口收入、减缓贫困、促进农村经济增长等方面起着关键作用。但是，向贫困人口提供金融服务，尤其是信贷服务，是一项非常困难的任务。以往的正规信贷服务尝试传统的商业信贷和政府扶贫贴息贷款等方式，都遇到了资金不能到达真正的贫困人口或者回收率低等问题，其根本原因在于信息不对称和担保抵押缺失导致资金供求双方风险不匹配。传统的商业银行是低风险偏好的，但农村金融市场等小额信贷市场是一个信息密集型（information-intensive）和担保抵押密集型（collateral-intensive）的市场，由前者产生的逆向选择和道德风险使向"非常贫困的人"提供信贷服务的成本高、风险大，而后者缺失传统的担保抵押，使前者的问题更加严重，从而使农村贫困人口等"非常贫困的人"长期处于正规金融市场的边缘，突出表现为贫困人口、中小企业主等社会群体难以从正规金融机构融资，大量资金缺口需要利用高利贷等传统贷款方式来弥补。同时，发展中国家农村的银行机构，在很大程度上反而起到了"抽水机"的作用，将大量资金由农村转移到城市（McKinnon，1973）。高利贷等传统贷款方式虽然能在一定程度上解决信贷源有限的问题，但利率居高不下、不良债务处理不当也容易导致社会危机。

20世纪六七十年代，一些发展中国家采用政府补贴的形式，引导正规金融对农村实行信贷支持，试图达到提高农业产量、化解贫困等一系列目标。然而，这些努力并没有达到预期效果：贷款的还款率普遍偏低，信贷项目普遍陷入亏损；同时，实行优惠利率的资金往往被乡村、社会的特权阶层设法攫取，并未流向贫困人口（Aghion & Morduch，2005）。以政府补贴引导正规金融机构信贷扶贫的做法效率低下，难以持续，发展中国家被迫寻求新的思路。

小额信贷的发展提供了一种重要的解决思路。行动国际（action international）、机遇国际（opportunity international）、乡村银行（the Grameen Bank）等机构在农村信贷市场进行了早期的探索，并获得了成功（Smith & Thurman，2007），取得了极高的还款率（Hossain，1988），小额信贷为发展中国家的农业信贷带来了新曙光。20世纪80年代以来，在世界银行等国际机构的推动下，小额信贷向亚、非、拉各大洲推广，影响范围逐渐扩大（Daley-Harris，2009）。尽管存在一定的争论，但是比较普遍的观点是，小额信贷机构有效地提供了微型金融服务，缓解了贫困问题（Besley & Burgess，2003）。2006年，小额信贷的先驱者穆罕默德·尤努斯教授因创立乡村银行而获得诺贝尔和平奖，标志着小额信贷在全球范围内的成功得到了公认。

国际小额信贷的成功，促进了中国小额信贷的发展。20世纪90年代，小额信贷在我国出现并取得了重要进展。1993年，中国社会科学院农发所率先在中国设立了专业的小额信贷机构。随后，我国的政府扶贫贷款开始引入了小额信贷方式。2000年，农村信用社开始办理小额信贷业务，但是并未取得预期效果（He et al.，2009）。小额信贷机构面向低端客户的积极性不高，农户和中小微企业贷款难的问题并没有得到有效缓解。

2008 年 5 月，中国银监会（2018 年与保监会合并为银保监会）与央行联合发布《关于小额贷款公司试点的指导意见》后，我国小额信贷业务进入了一个全新的发展阶段。这种"只贷不存"的专业小额贷款公司改变了以扶贫为主的贷款模式，转变为以服务中小微企业、解决"三农"资金难问题为主的信贷方式，对于在新形势下解决小微企业融资难及农民贷款难、建立与完善多层次的金融体系、提高小微企业和弱势群体的金融覆盖面、促进经济快速稳定与可持续发展，产生了积极的重要意义。截至 2021 年 6 月末，全国共有小额贷款公司 6150 家，贷款余额 9258 亿元[①]，已发展为直接服务于农村、广大中小微企业、社区经济等基层对象的新"金融毛细血管网"。

中国作为全球最大的发展中国家，正经历着经济增长和产业转型升级，扶贫和环境污染问题不容小视。2010 年，《国民经济和社会发展第十二个五年规划纲要》指出，要更好地利用绿色信贷、绿色证券和绿色保险等环境金融手段，协调经济发展与环境保护之间的关系。党的十八大报告提出要"大力推进生态文明建设"，将生态保护提高到了国家战略的地位。小额信贷机构为了减少环境对贫困人口的影响，开创性地创造了小额信贷的绿色功能。2007 年，在欧洲绿色小额信贷峰会上正式提出绿色小额信贷的概念。

近年来中国数字化技术的发展方兴未艾，以移动支付、电子商务为代表的数字化技术处于全球领先地位，进一步推动了我国普惠金融事业的发展。借助新的数字化技术如大数据、云计算、区块链等，传统普惠金融打破了金融服务的区域限制。2017 年，全球普惠金融合作伙伴提出了数字普惠金融的创新概念，认为数字普惠金融泛指一切通过使用数字金融服务来促进普惠金融的行为。数字化的创新升级了传统的小额信贷业务，为普惠金融的推进打开了一道新的大门，可以降低小额信贷的门槛和成本，并且更加快捷便利，大幅度提升了小额信贷的普惠性。

---

① 中国人民银行：《2021 年二季度小额贷款公司统计数据报告》，www.pbc.gov.cn/goutongjiaoliu/113469/4616364/index.html。

然而，在高速发展的背景下，仍处于初创阶段、"只贷不存"的小额贷款公司的发展瓶颈也日益凸显，而其在实际运营中种种不规范的操作，也引起了人们对整个行业风险的担忧。如何积极培育小额信贷机构市场，选择相适应的发展路径来促进其健康持续发展，更好地吸引民间资本，改善地区金融发展环境，实现金融支持实体经济；如何发展绿色小额信贷，让绿色小额信贷成为寻求扶贫与环保之间的平衡点的金融服务创新，促进国内的产业转型和两型社会的构建；如何将数字化技术和现有金融体系结合起来，对小额信贷业务进行创新，解决传统小额信贷中的难题，成为当今中国小额信贷行业最关键的发展问题，对于服务低收入群体、中小微企业及被传统金融排斥的边缘人群具有重要意义，值得我们进一步研究和探讨。"农村金融、微型金融的小额信贷，已经成为中国金融改革的热点、难点和焦点。"（陈昌智，2012）

第二节　研究目的和意义

国外小额信贷发展的长期历程，为我们提供了丰富的理论根据和实践经验教训，对我国小额贷款公司的发展战略有重要的借鉴意义。近年来，国内专家学者对小额信贷问题的研究不断深入，已有文献更多的是在总结国外经验的基础上，对国外小额信贷发展演变模式在中国实行的可行性进行分析。当然，小额信贷作为一种新的制度，必须结合我国小额贷款公司的实际情境进行研究，国内在这方面的研究目前还处于起步阶段，因此结合我国小额贷款公司的实际，进行全面而综合的研究具有现实的意义。

绝大多数的国内外文献偏重于描述性论证，缺乏充足数据的经验性研究，早期的小额贷款研究缺乏细致的实证分析所需要的数据，后续的一些研究开始在一些特定主题和维度上开展较为深入的实证分析（Meehan，2004）。针对小额贷款公司商业化持续发展机制的研究和案例更多地集中在整个行业发展的框架内，且缺乏统一有效的评价指标。结合当前我国发展微型金融的需要，我国小额信贷公司发展机制方面的研究亟待突破，对小额信贷机构发展中适合路径的选择进行实证研究，有助于将成熟的金融原理运用在小额信贷的实践中。

具体而言，本书的目的和基本思路如下：围绕在新形势下小额贷款公司如何持续健康发展，如何吸引各种外源资本进入，如何融入并成为多层次金融市场中的重要一环，更好地发挥对小微企业和弱势群体的金融覆盖面这些中心问题，以高新技术型、创业型中小微企业创业众多和民间资本活跃的浙江（杭州和温州两地居多）小额贷款公司为调查样本，运用理论分析、案例分析方法和数量统计分析法，结合浙江区域金融环境的现实情境，深入剖析和有效识别小额贷款公司持续健康发展的关键影响因素；在此基础上，探讨小额贷款公司持续发展路径选择策略，并在数字普惠金融和绿色小贷的新背景下，提出培育和推进小额贷款公司的政策建议。

第三节　研究内容

一、国内外小额信贷的理论和最新研究进展

对国际上小额信贷的起源、发展、现状及影响小额信贷绩效的主要因素进行归纳，比较国际小额信贷发展的主要模式，探讨促进小额贷款公司这个群体发展的代表性内部管理制度，分析小额信贷发展的环境与监管政策，以及国内关于小额贷款公司可持续发展的争论和若干焦点问题，主要采用规范性分析方法。

二、以浙江为例，分析小额贷款公司发展现状和问题

这部分研究将从政策环境、商业可持续性和地区发展环境三个方面对杭州和温州地区小额信贷现状进行调研分析。具体内容包括从农村信贷资金总量、小微企业信贷资金和占总贷款比重、对民间金融部门的竞争效应、与中小银行和城市商业银行形成差异化服务体系、运用特殊信贷管理技术和发挥金融中介功能等方面分析探讨当前小额贷款公司运营的现状、经营模式和核心竞争力表现等问题。重点针对小额信贷公司目前面临的困境，运用描述性统计分析样本

企业的经营发展状况，从政策面、企业自身和地区环境三个角度深度分析产生制约的成因，为下一步进行影响因素分析打下基础。

三、小额贷款公司持续健康发展的关键影响因素分析和检验

文献中提及的影响小额贷款公司健康持续发展的因素众多，一般包括：（1）财务经营因素和所有衡量传统银行借贷安全性的指标；（2）行业重要的绩效指标和标准；（3）宏观经济因素（Laitinen，2002）。本书将采用文献中列出的各种因素，然后根据采用随机森林（Random Forest，RF）模型对这些指标进行筛选。该方法对异常值和噪声具有很高的容忍度，且不容易出现过拟合。具体来说，以浙江省杭州市、温州市小额贷款公司问卷调查数据为样本，对所有变量进行 Jain（2001）建议的因子分析，获取影响小额贷款公司持续发展的关键影响因素，为后续构建模型提供所需变量。

四、小额贷款公司健康发展模式和路径选择研究

小额贷款公司持续发展的评价指标是本书的一个研究难点。由于所处地区的不同和服务对象的不同，小额金融机构持续发展路径可能会有很大的差异。本书在文献调研基础上，结合上述各关键影响因素，并以杭州、温州的数据为例，使用传统数量统计分析方法，对 Vento（2006）提出的小额金融机构四种不同的持续发展类型进行实证检验，比较不同路径的差异，分析不同路径形成的条件，从而为政府部门和小额贷款公司本身的持续发展提供决策依据。

五、绿色小额信贷的创新尝试和国际经验启示

在气候变化的背景下，中国需要在大力扶贫的同时，不对自然环境产生破坏进而改善环境。绿色小额信贷在改善农民生活质量、建设美丽乡村、推动小微企业绿色生产、增强小微企业社会责任感、培育小额信贷环保责任意识、促进绿色就业等方面都发挥着巨大作用，因此走"绿色小额信贷"之路，成为治理环境污染、保护生态环境、促进经济可持续发展的最优路径和必然选择。如何

走出一条成功的"绿色小额信贷"之路，成为当前整个社会关注的重要问题。因此，本书在回顾、分析和借鉴国内外绿色小额信贷基础上，探索具有中国特色的绿色小额信贷发展模式。

六、数字普惠金融下数字小额信贷的创新发展

近年来，随着中国整体经济水平不断提高，金融供给侧结构性改革成为金融业当前的核心任务。同时，中国金融科技的快速发展促进了数字普惠金融在中国的发展，为我国金融行业注入了新的活力。小额信贷是普惠金融系统中的一个重要因素。当下我国数字普惠金融发展的主要对象为小微企业、农民、城镇低收入人群、贫困人群和残疾人、老年人等特殊群体，因此，小额信贷的发展创新对数字普惠金融的发展具有重要作用。本部分将介绍中国数字普惠金融发展的历史沿革、数字化突破瓶颈及普惠金融下小额信贷的创新发展，并提出一些建议。

七、数字低碳背景下可持续发展小额贷款公司的策略建议

本部分主要依据以上分析研究结果，从政府政策、小额信贷机构自身和行业自律三个层面对小额贷款公司的持续发展提出对策建议。在政府层面，从政策持续性，尤其是从制度升级的视角，从税赋、拓宽融资渠道、财政补贴、差异化管理、风险监控和民间资本引导政策及利用数字技术完善个人和社会信用体系等方面，为鼓励和支持小额贷款公司持续发展提出建议；从小额贷款公司商业可持续、经营模式可持续性和发展路径选择等方面为小额贷款公司自身持续发展、责任发展提出对策；从规范经营、防范风险、业务创新等方面为小额贷款行业自律提出要求和建议，促进小额贷款公司的健康发展。

八、国际小额贷款发展趋势与挑战及小额信贷监管经验

本部分通过对国际小额信贷发展现状和问题的综述，分析小额信贷业发展的趋势和挑战，对我国小额贷款公司的发展前景进行展望。在世界众多不同发

展模式中，本书精心挑选格莱珉银行、美国富国银行和德国 IPC 技术、意大利绿色小额信贷进行案例剖析，试图给中国小额贷款公司的可持续发展提供可行的借鉴。同时，分析国际小额信贷政策监管实践的经验教训，包括模式和框架。

第四节　研究技术路线和方法

本书的基本研究步骤和研究方法为：文献研究、实地访谈与案例分析、问卷调查与数据收集、统计分析、结论与政策建议（见图 1.1）。

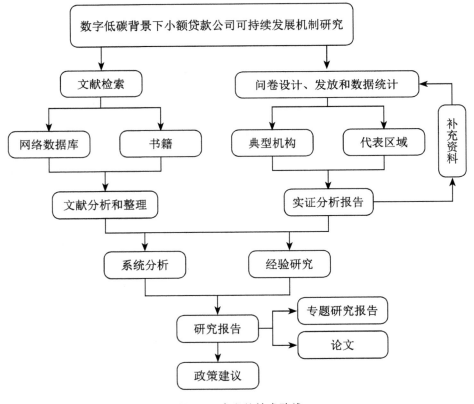

图 1.1　本书的技术路线

（1）文献研究。广泛查阅国内外文献资料，跟踪了解国内外关于小额贷款机构持续发展理论的最新前沿动态，形成总体的理论分析框架。

（2）实地访谈和案例分析。选择杭州和温州各 5 家小额贷款公司进行访谈，并对当地政府监管部门（省市金融办）进行调研，详细了解它们在运营过程中的经验和面临的障碍，进行典型案例研究。

（3）问卷调查与数据收集。对浙江（以杭州、温州两地为主）62 家小额贷款公司进行问卷调查，完成 150 份有效问卷。并通过浙江省及相关市级金融办、浙江省民间借贷监测网络收集公开数据，获取浙江小额贷款公司的第一手数据。

（4）统计分析。拟利用随机森林（RF）模型初步筛选影响小额贷款公司持续发展的关键因素，对调查数据进行验证型因子分析和路径分析，旨在剖析小额贷款公司持续健康发展的关键影响因素和发展路径。

（5）结论与政策建议。理论研究与政府调控策略研究相结合，在理论分析和实证调查的基础上，形成完整的研究成果，并试图从政府和小额贷款机构两个层面提出对策建议。

第二章

小额信贷理论和政策实践

第一节　小额信贷的缘起和本质

一、早期的小额信贷——起源

一般认为，小额信贷诞生于 20 世纪 70 年代孟加拉国、巴西和其他一些国家的信贷实践活动中，而中国人民银行小额信贷专题组（2010）的研究表明，小额信贷的起源要比这个时间早得多。考察世界经济史，地球的每一个角落都可能曾经有过自己的小额信贷发展史，"小额信贷"并不是一个新生事物。许多国家的宗教社会团体及政府长期以来一直在探索并拓宽为贫困和低收入者提供非正规和正规金融服务的渠道。1642 年，意大利就有了第一家官办的典当行，以应对社会上的高利贷。

Seibel（2003）研究了两段小额信贷的辉煌历史。第一段是 18 世纪 20 年代在爱尔兰诞生的"贷款基金"，它利用捐赠得到的财物，向贫困农户提供无抵押的零息小额贷款，这种贷款用"共同监督"（peer monitoring）机制来保证贷款者每周的分期还款，其在鼎盛期间曾覆盖了 20% 的爱尔兰家庭。1843 年，爱尔兰政府下令制定最高利率限制，使贷款基金受到金融压制，并最终丧失竞争优势，直到 20 世纪 50 年代消亡。

第二段始于 1778 年的德国。在自助原则和有效监管的条件下，德国发展出了全民办的大规模小额信贷系统。德国以服务穷人为宗旨的小额信贷有三个源头：社区储蓄银行和两种储蓄信贷合作社（城市和农村）。诞生于德国 1846—

1847 年大饥荒后的以赖夫艾森（Raiffeisen）信用社为代表的农村信用合作社获得了极大的成功，数量从 1885 年的 245 个增加至 1909 年的 13000 个，并很快为世界各国所仿效，到 20 世纪初，该模式风行全世界，形成了全球性的"赖夫艾森运动"。总结其成功的原因有：（1）自助和自立；（2）本土化；（3）法律和制度框架建设；（4）用有限责任取代阻碍信贷发展的无限连带责任；（5）有效的委托监督机制——审计联合会。

不管是爱尔兰的贷款基金还是德国的储蓄银行和储蓄信贷合作社，与现代的小额信贷组织并不存在本质的区别，它们都有紧密相连的经济和社会目标，即消除贫困和实现财务的可持续性。由此可见，小额信贷诞生于贫困激增的年代，只要有贫困和中低收入人群的存在，只要他们的金融需求未被满足，就会有向他们扩展金融服务的努力，而且这种努力很大程度上证明了为贫困人口提供金融服务是能够覆盖成本和实现可持续经营的。

二、现代小额信贷——发展

二战后，尤其是 20 世纪 60 年代始，在西方传统发展经济学的影响下，许多发展中国家和国际组织在"资本积累是增长的发动机"及"农民需要的资本远远超过他们能够进行的储蓄"的信念指引下，实行了旨在促进经济迅速进步的发展战略，大量的补贴性金融资金通过农村金融市场源源不断地投入农业和农村地区。各种信用合作组织轮转基金（会）甚至以私人借贷和高利贷等传统金融方式重新登上舞台，借鉴传统民间借贷和早期小额信贷的一些特点和现代管理经验，结合当地经济、社会条件及贫困人口的经济和文化特征，创造性地构建出多种适合贫困人口特点的信贷制度和模式，其中具代表性的有孟加拉国乡村银行、拉丁美洲的行动国际（Action International）、印尼人民银行乡村信贷部（BRI-UD）、印度的自我就业妇女协会银行、乌干达国际社会资助资金（FINCA）的"村银行"等。它们在客户类型、金融产品和风险管理技术等方面具有与正规金融机构截然不同的鲜明特点，而这些特点恰恰构成了新机构的共性——在客户无力提供担保或抵押品的情况下，以不同于金融机构的风险管理技术，为那些被排斥于正规金融体系之外的人提供额度较小的金融服务。基于这些共性，这些机构所提供的金融服务被正式称为"小额贷款"（microcredit）或"小额信贷"（microfinance），而这些机构也被 正式称为"小额信贷组织"。值得一提的是，与早期小额信贷一样，现代小额信贷组织并不都是农村金融组织，也有一些小额信贷组织如玻利维亚团结银行（BancoSol），在城镇地区向低收入居民提供金融服务。

从 20 世纪 80 年代开始，全球的小额信贷项目在不断探索和试验的基础上，逐步改善操作方法，其成功经验更是被许多发展中国家借鉴并开始替代传统的扶贫观念和手段。首先，许多实践表明，贫困人口尤其是其中的女性信用比商业银行较为富裕的客户好；其次，贫困人口愿意也有能力负担小额信贷组织采用的能够覆盖其运营成本的利率标准。在这一点及募集资金运作上，印尼人民银行（BRI）是一个很成功的案例。

20 世纪 90 年代以来，在国际发展机构及其网络中间兴起了一股将小额信贷作为扶贫手段的高潮，通过建立为贫困家庭和微型企业主提供服务的多边援助机构的形式，小额信贷开始在许多国家发展壮大起来。为了扩大覆盖面，很多小额信贷组织开始寻求商业化的策略，并试图通过转型吸引更多的资本投入，最终成为金融体系的一部分。此外，信息和通信技术的发展也推动了交易成本的降低。这一时期，越来越多的小额信贷机构能够不依赖补贴而独立经营，实现自给自足。同时加强机构的能力建设也开始取代给特殊群体提供信贷服务，成为小额信贷发展的核心，福利主义和制度主义开始趋同；与此同时，"微型金融"开始逐渐取代"小额信贷"，作为向贫困人口提供包括借贷、储蓄和转账在内的多样化金融服务的专用名词。

在过去 30 年里，小额信贷获得了令人瞩目的成功。在一些国家，小额信贷已经发展出能够为穷人提供系统性金融服务的可持续的制度体系，许多发展中国家已形成了小额贷款、小额储蓄和小额保险等小额信贷产业，这充分证明，尽管小额交易的成本高昂，但中低收入人群是可以获得金融服务的。虽然如此，小额信贷作为一种将促进农村经济发展政策性目标和金融机构商业化经营原则有机结合起来的金融创新，其本质一直没有变化。无论是在早期还是现代，不管处于哪种发展阶段，小额贷款的倡导者和实践者一直在探索并努力解决三个问题：（1）增加面向大众（主要是中低收入人群）的优质融资服务，即广度问题；（2）逐渐使金融服务覆盖到更加贫困和更加偏远地区的居民，即深度问题；（3）降低客户及金融服务者的成本，即成本问题。小额贷款的成功在于处理以上三个问题时，在传统目标和现代方法之间走出了一条新路，是金融创新造就了小额贷款的崛起。

第二节　小额信贷理论研究回顾和研究进展

一、国际小额信贷理论研究进展回顾和实践

国际上对于小额贷款的研究远远滞后于小额贷款的实践发展，相关研究起步较晚，发展却非常迅速。在 1997 年以前，金融类学术期刊只是偶尔刊登几篇关于小额贷款的论文，但在此之后，论文数量逐步增加，如今，小额贷款问题的研究论文已经被金融类期刊普遍接受。以下研究分别从小额贷款界定和小额贷款分立（持续经营）、小额贷款服务定位与风险控制、小额贷款绩效评价包括贷款运作与客户选择、小额贷款社会绩效评价等研究焦点展开。

（一）小额贷款概念界定和小额贷款分立

在英文文献中，microcredit 和 microfinance 两者意思相近，经常互用，但仍可进行区分。Sinha（1998）认为 microcredit 是指小额贷款，而 microfinance 除了指非政府组织及小额贷款机构的贷款服务外，还包括储蓄、保险等其他辅助服务。因此，microcredit 仅仅是 microfinance 的一部分，前者仅指向穷人发放小额贷款，后者还包括非信贷类产品服务。

国际上关于小额贷款的可持续性问题一直以来存在制度主义和社会福利主义两种截然不同的观点，Morduch（2000）将之称作"小额贷款的分立"。引起分立的主要原因是两种观点对于小额贷款机构自给自足的服务深度的不同理

解。制度主义认为，小额贷款机构的可持续来自成功地向贫困者提供金融服务，而小额贷款机构在财务上自负盈亏是保持机构可持续的必要条件（Vege，1994）。历史案例表明，合理的贷款制度设计可以保证其运行的成功和可持续性（Hollis & Sweetman，1998）。而与此相反，社会福利主义认为小额贷款机构的可持续性不需要财务上的自给自足（Morduch，2000；Woller et al.，1999）。他们认为捐赠可以作为股本的一种形式，捐赠者可以看作社会投资者。一般的共识是自给自足和服务深度之间存在明显的制衡关系（Von Pischke，1996）。存在少数证据证明那些真正做到财务自负盈亏的小额贷款机构也试图向在贫困线以下的人群提供贷款（Navajas et al.，2000）。这些小额贷款机构能够通过向贫困人群或者是富裕人群提供更大额的贷款来扩大自身的经济规模。遗憾的是，很少有证据研究来证实（或证伪）小额贷款可持续理论的可靠性。尽管如此，一些历史事件证明是可以保持可持续性的，如上述的爱尔兰"贷款基金"存活了100多年，一直在持续发展。

另外，将小额贷款引入各国资本市场以实现其可持续性发展的可行性，也成为近期国际研究的一个新课题。事实上，各方正在积极地引导资本市场投资者为小额贷款机构进行融资。如社区再投资基金使小额贷款基金和抵押贷款实现了证券化[1]。数据显示，自2006年以来，印度小额贷款行业接受的私募股权投资总额达到5.65亿美元。由于金融危机导致信贷活动紧缩及盈利水平大幅下降，新加坡主权投资基金淡马锡控股、亿万富翁索罗斯及红杉资本等投资者一度纷纷将资金投向印度小额贷款市场。红杉资本支持的印度微型金融公司（SKS）于2009年8月成功IPO并募集163亿印度卢比（合3.57亿美元）资金，将这种趋势推向高潮。

但人们的担心也随之而来，在众多批评者中，尤努斯的观点具有代表性，他表示，进军股票市场在根本上意味着要从穷人身上赚钱。[2]也就是说，贷款

---

[1] 有关这些基金的更多信息请查阅 www.accion.org。

[2] 2010年7月，尤努斯在接受《华尔街日报》采访时表示："小额贷款是改善穷人生活的机会，而不应该成为一种赚钱的机会。"

人要承受更高的利率。当然，理论上讲，如果资本市场真的能为小额贷款机构提供所需的资金，如果投资者能够在承受风险的同时获得收益，那么全世界消除贫困的愿望将更有可能实现。然而，实际情况并非想象中那么乐观，如2010年10月以来，印度小额贷款风险开始显现，并出现了小额贷款危机。小额贷款可持续性的发展模式或许将面临更多的考验。

（二）小额贷款服务定位与风险控制

国际上小额贷款机构所能提供的金融产品和服务的研究表明，小额贷款机构应该也能够向客户提供与正规金融机构相似的产品和服务。两者之间存在着诸多差别（见表2-1）。

表2-1　小额贷款公司的小额贷款与银行主导的小额贷款之异同

项　目	小额贷款公司	银　行
经营对象	货币资金	货币资金和其他资产
资金来源	自有资金（股本金和积累）、从不超过若干家合作银行融入资金不超过资本净额的100%[①]的贷款、捐赠款	自有资金（股本金和积累）、储蓄存款、同业拆借资金等
服务对象	"三农"、中小微企业、工商经营户、创业者	"三农"、中小微企业、工商经营户、创业者（有明显的政策扶持）
目　的	服务企业和工商经营户，为"三农"服务，促进经济平衡发展	促进就业、扶贫、稳经济
原　则	小额、分散、救急	小额、分散、扶贫
担保方式	抵押、质押、保证、保证金	一般无担保、抵押
利　率	基准利率的90%到4倍之间，就高不就低，一般是3～4倍	基准利率（可以适当上调）
期　限	较短，一般数日至一年（一年以上较少）	一般为1～3年

Nourse（2001）在回顾小额贷款产品起源和历史环境后指出，贫困者不仅仅需要信用类产品，也需要存款和保险类服务，他认为需要向贫困者提供量身

---

① 最初是从不超过两家合作银行融入资金不超过资本净额的50%的贷款，《浙江省人民政府办公厅关于推进小额贷款公司改革发展的若干意见》（浙政办发〔2011〕119号）中第三部分第6条提出，放宽限制，扩大融资比例到100%及可自主选择多若干家银行等。

定做的贷款服务，而不只是常规的贷款类产品。

对于小额贷款的贷款功能，将贷款分为企业贷款和个人（家庭）消费 / 应急贷款是十分必要的。虽然小额贷款机构提供的大部分产品是企业贷款，但是市场上对于消费和应急贷款的需求远远没有得到满足（Woller，2002a）。大部分人都认为这些个人贷款会收取非常高的利率（高利贷），甚至以极端的方式收回贷款。原本行业内人士认为正规小额贷款机构可以逐渐将这些传统的个人放贷者驱逐出市场，结果却发现贫困者对于这些个人放贷需求仍然十分强烈，即使是那些已经获得小额贷款机构提供援助的客户。Perry（2002）曾经提到一个例子：在塞内加尔，有妇女利用从当地小额贷款机构获得的贷款来开展自己的放贷业务。这说明个人放贷者贷款和企业贷款之间存在某种重要的区别（见表2-2）。

表 2-2　小额贷款中机构放贷和个人放贷的比较

项　目	个人放贷者贷款	小额贷款机构的企业贷款
贷款批准速度	快	较快
贷款合同条款	灵活	较灵活
还款期限 / 还款方式	几天或者几个星期 / 一次性还清	几个月或一年 / 按时小额归还
还款利率	非常高	基准利率的90%～4倍

从表2-2可以看出，个人放贷者贷款更加适合个人贷款者，而小额贷款机构则更适合企业。同时也可发现，在贫困地区，存款也存在巨大的市场，这种情况在各国是一致的。在我国，当前小额贷款公司是没有储蓄业务的。因此，这部分文献的回顾在此省略。

贫困家庭或中小微企业的一个很重要的特点就是财务的脆弱性，它们非常容易受到外部风险和动荡的影响。因此，小额贷款机构的风控机制具有自身的特点，如依赖目标客户的社会担保，比如小组贷款。Goldmark（2001）提出了很多方法用以更好地建立社会担保，从而使贷款更加安全。Van Tassel（1999）

的模型则是在信息对称的情况下，优化小组贷款合同。小额贷款机构还可以通过整合的项目服务来进行风险控制，与非金融的服务如教育和金融类服务结合起来。已经有许多文献研究了小额贷款和其他服务的整合，如 Smith（2002）、Edgcomb（2002）、Cook 等（2001）和 Dumas（2001）运用案例研究的方法对小额贷款机构提供的整合教育和商业案例进行研究，发现这些教育使小型创业企业的表现有了明显的改善，得到了较好的发展。

小额贷款机构在为企业提供初创资本时常用股权来代替负债。如 Pretes 和 Seibel（2003）讨论了很多东非的案例，他们将这种服务称作为企业提供股权，但从金融专业角度来看，这样的服务更类似于拨款和补助。在这些案例中，那些进行股权投资的投资者（捐赠者）并没有在其中获得控制权。

（三）小额贷款绩效评价

国际上关于小额贷款机构实践有效性的研究表明，由于小额贷款机构经营的环境和客户的性质都和一般正规金融机构不同，最佳经营管理行为的评价必须立足于其所经营的具体环境和条件。在现有的文献中，首要提及的话题包括：确定最佳的贷款利率、小额贷款机构的商业化贷款的规模和成长性、信用等级的划分、客户关系。

对于一般营利性金融机构来说，股东利益最大化是决定贷款利率的基本标准，但小额贷款机构在确定最合适的利率时往往过高，这会阻碍它们帮助那些难以获得贷款的人贷款，更不用说帮助贫困者脱贫和创业。过高的利率也会导致小额贷款遭受更大的损失，比如坏账率上升。而在小组贷款中，过高的贷款利率将有可能使整个小组陷入困境。但由于小额贷款机构自身规模较小，在借款的过程中不存在规模经济以弥补自身的固定成本。而且，相比一般金融机构，小额贷款机构运营和行政成本相对更高，因此，小额贷款机构客观上不得不收取较高的借款利率。

Conning（1999）针对小额借款机构定价问题建立了一个理论模型，发现服务于非常贫困客户的小额借款机构必须收取较高的利率以弥补人力资本支出，以实现自身可持续发展。Hollis 和 Sweetman（1998b）研究发现，小额借款机构可以在不需要补助的情况下确定一个十分有竞争力的借款利率。Perry（2002）发现对于那些不能直接获得小额借款的贫困人群，他们愿意（或不得不）承担较高的利率，以从其他途径获得资金。因此，Robinson（1996）认为，小额借款利率首先必须使小额借款机构能充抵自身成本；其次贫困者必须能负担得起；最后相对于贫困者可能选择的其他筹资渠道，小额借款机构确定的利率必须具有竞争力。

在这里，对小额信贷机构外部绩效的有效性的研究也是国际现有文献颇感兴趣的课题，在此主要涉及两个主要问题：一是小额贷款能否有效消除贫困；二是小额贷款机构最适宜的法规环境应当是怎样的。第二个问题将在下一个主题做专门介绍。

对于小额贷款机构来说，其最初的发展动力是，比起其他消除贫困的政策，它或许是一种更为有效可行的办法。情况果真如此吗？ Adams 和 Von Cpischke（1992）认为现代小额贷款机构必定会失败，因为它们与之前的乡村信用社极其相似。Buckley（1997）用从肯尼亚、马拉维和加纳等国家获得的总体资料进行的研究部分支持了他们的结论。而 Schreiner（1999）分析了美国小额贷款企业项目，发现一些项目可以让一部分参与者走向富裕，但其作用只是一时的，并不能长久。而那些参与者能够转型成功的原因是他们本身已经拥有的资产、教育水平、经验及技能都在平均水平之上。Bhatt（1999）发现小型企业贷款项目的作用混乱，好坏参半。Schreiner 和 Woller（2003）比较了小型企业贷款在发展中国家和美国的开展情况，发现其在美国实施要远远比在发展中国家实施更困难，并提出了一些能够帮助美国克服困难的建议。

与此相反，Woller 等（1999a）认为，小额贷款运动与 20 世纪六七十年代失败的乡村信用社存在明显的差别，并列举理由以证明现代小额贷款运动成功的可能性比以前更大。进一步地，Woller 和 Woodworth（2001）指出，截至 2001 年，对消除贫困的宏观调控政策及其他发展策略大多数经历了显著的失败，因此，希望小额贷款作为已有失败政策的补充和替代，有机会对消除贫困产生作用。

对于小额贷款是否可以作为一种脱贫手段，其他的一些研究所得出的结论呈现出模棱两可的状态。Bhatta（2001）分析了尼泊尔的小额贷款组织，发现小额贷款运动很难产生明显的作用，但同时他也指出，小额贷款应想办法克服困难，以服务女性客户为突破口。而 Snow 和 Buss（2001）对非洲撒哈拉沙漠落后地区的小额贷款项目展开研究，发现小额贷款项目能否取得成功，很大程度上取决于评估项目的目标定位。

Yaron（1992）认为，小额贷款业绩优化评价体系可从经营持续性和服务覆盖面两个维度展开（见图 2-1）。

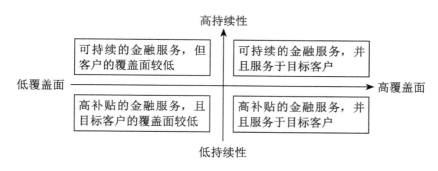

图 2-1　小额贷款业绩优化评价体系 [①]

对于衡量小额贷款社会效益的兴趣使大量相关理论应运而生。另外也有大量文献研究了各国小额贷款项目的影响力，比如玻利维亚（Mosley，2001）、中国（Park & Ren，2001）、厄瓜多尔（Woller & Paron，2002）、加纳和南非（Afrane，2002）、印度尼西亚（Bolnick & Nelson，1989）、秘鲁（Dunn & Arbuckle，2001）、泰国（Coleman，1999）、赞比亚（Copestake et al.，2001）等及多国的影响（Mosely & Hulme，1998; Anderson et al.，2002）。不同研究得出的结论是不同的，反映了小额贷款的影响与外部环境是高度相关的。

---

① Jacob Yaron. Successful Rural Finance Institutions Discussion, Paper No. 150, Washington DC: World Bank, 1992.

关于小额贷款社会效益的方法论，Hulme（2000）发现主要有三类：科学调查法（主要是控制变量调查法）、人文传统法（人类学和其他定性研究的方法）与参与式学习和行为方法（包括参与式农村评估、快速乡村评估和农场系统调查等）。

在评估小额贷款绩效的过程中，方法论与程序的科学性非常重要。例如，对项目是否采用随机抽样，在项目评估过程中利益相关者（或当事人）的卷入程度等都影响评估结果及其正确性（Coleman，1999; Woller et al.，1999）。Schreiner（2002）批评了美国小型企业发展项目评估方法（错误方法），包括相关性的控制组、有偏差的分组及对项目收益和成本的错估。

二、国内小额信贷理论研究进展回顾和政策实践

（一）我国小额贷款历史沿革和政策实践

焦瑾璞（2006）认为，在中国开展小额贷款的主要有以下四类机构：（1）依靠国际和国内公益组织援助的非政府形式的小额信贷机构；（2）具有政府职能的，主要开展扶贫开发项目的小额信贷社团；（3）正规金融机构；（4）商业性小额贷款公司。何广文（2009）等则将我国小额信贷组织形式细分为三大类十多种。

综合政策文件和中国实践，我国小额贷款发展轨迹可以大致分为以下几个阶段。

1. 试点初期阶段（20世纪80年代末至1996年）

1996年以前，我国的小额信贷主要依靠国际捐助和软贷款，重点参考孟加拉国"乡村银行"的信贷模式，大部分以半官方或民间机构的形式运作。如联合国开发计划署（UNDP）/中国国际经济技术交流中心信贷扶贫项目、澳大利亚国际开发署（AusAID）援助的青海海东农业银行小额信贷项目、草海村寨信用基金等。这些非政府组织（NGO）小额信贷受到的政策限制较多，发展空间较小。

2. 政府主导性项目扩展阶段（1997—1999 年）

从 1996 年开始，我国开展了以政府机构和农业政策性银行（中国农业发展银行）为主导，"脱贫攻坚"为目标和政策性小额信贷扶贫项目。该类项目借鉴 NGO 小额信贷技术和经验，以国家财政资金和扶贫贴息贷款为资金来源，主要采用类似孟加拉国乡村银行的传统小组联保模式开展业务。随着国家扶贫政策的演进，政策性小额信贷扶贫项目在较大范围内迅速发展和推广开来。1999 年以前主要是由政府扶贫社代理农业发展银行（后来转给农业银行）扶贫贴息贷款（中央财政给予补助资金），1999 年改由农业银行直接发到农户。

3. 金融机构主导项目推广阶段（2000—2005 年）

2000 年开始，我国农村合作金融机构在中国人民银行的推动和支持下，也开始发放小额信用贷款和农户联保贷款。这标志着我国正规金融机构开始大规模介入小额贷款领域，先前由政府主导的扶贫式小额贷款逐渐从项目机构向金融领域转变。自此，小额信贷的总量呈现出快速扩张的态势。

4. 功能扩展和商业化、市场化小额贷款尝试阶段（2005—2008 年）

2005 年 12 月，在中国人民银行和中国银监会等部门的推动下，山西、四川、贵州、陕西和内蒙古 5 个试点省和自治区的当地政府（或当地人民银行分支机构）牵头设立了"日升隆""晋源泰""全力"等 7 家小额贷款公司，揭开了我国尝试发展商业化、市场化小额信贷市场的序幕。新建的商业性小额贷款机构被界定为"只贷不存的小额贷款公司"，是严格按《公司法》有关规定设立和运作的公司法人。从此，我国小额信贷的功能不再局限于扶贫，逐步向为"三农"和微小型企业提供可持续金融服务的领域扩展。

5. 小额贷款公司商业化和民营化发展阶段（2008 年起）

以 2008 年 5 月银监会和中国人民银行联合颁布的《关于小额贷款公司试点的指导意见》（银监发〔2008〕23 号）为起点，将试点扩展到全国，社会资本出资建立"只贷不存"的小额贷款公司，小额贷款公司从此走向快车道。截至 2012 年 12 月末，全国小额贷款公司总数达到了 6080 家，贷款余额 5921 亿元，全年新增贷款 2005 亿元。

胡金焱和袁力（2016）通过2009—2013年山东省试点的小额贷款公司的面板数据检验小额信贷实现支农目标的情况，结果表明，小额信贷确实能促进农民收入的增长，并且这一作用在相对贫困的地区更为明显。小额信贷支农的作用通过扶持地方农业发展、促进农业在地方产业结构中的优化调整来实现。

（二）中国小额贷款公司对发展经济的影响和主要特征

王绯（2007）认为，"金融抑制"的存在严重阻碍了资本积累、技术进步与经济增长。在农村金融领域，因金融抑制，我国一直存在着巨大的资金缺口（何广文，2009）。由于在农村市场上无利可图，大部分国有银行、股份制银行纷纷退出农村市场，农户从正规金融的金融机构获得的贷款很少，而农村信用合作社面临着日益增大的农村金融需求，许多农村地区的金融服务处于"真空地带"，严重制约了农民的增收（金麟根等，2010）。

商业银行的"惜贷"使一些中小企业资金链频频告急（郁国培，2009），浙江一些民营企业家甚至"跑路"。融资难问题日益成为我国中小微企业发展的重要障碍（植凤寅，2010）。不完全的金融市场导致了资源配置的扭曲，使那些得不到资金的中小企业只能通过内源性融资与民间金融来支撑技术创新和发展。从本质上讲，小额贷款公司是金融制度创新和运行机制创新的一种表现方式（刘大耕，1999）。

2005年，在我国小额信贷发展10周年之际，中国人民银行在5个省和自治区开始"只贷不存"的小额贷款机构试点，标志着中国小额信贷正规化之路进一步向前推动。到2008年，小额信贷正式在全国推开，社会资本可以正式出资建立小额贷款公司。作为金融市场的一种有益补充，小额贷款公司能合理地将一些民间资金集中起来，有效地缓解农村金融服务不足和中小微企业融资难的问题。何文广（2009）认为，小额贷款公司的整个行业发展，在宏观上，支持了农业产业结构调整，促进了评估事业的发展，成为扶贫支小的有效工具。在中观上，小额信贷的介入在一定程度上排挤了不规范的民间借贷，促进了农村金融机构的多元化，进一步完善了农村金融体系的发展，优化了农村信用环境。在微观上，小额信贷对妇女有正面影响（参与家庭决策、地位的提高），增加了农户的收入，增强了农民的信用意识。

当前我国小额信贷区别于其他信贷形式，具有突出的特点，与吴国宝（2001）总结的国际小额信贷特点有类似之处：（1）以"三农"和中小微企业为主要服务对象，实行小额短期贷款和分期还款制度；（2）小额信贷在组织结构设计方面兼有非正规信贷方式和正规信贷方式的优点；（3）以市场经济作为基本运行环境，以实现机构操作上的可持续性和经济上的可持续性为重点目标，要求贷款利率和其他收费至少能够充抵机构的资金成本和管理费用支出；（4）贷款项目的选择、贷款的发放和回收等活动完全在公开状态下运行，参加贷款的客户能够相互进行平等的监督；（5）重视对客户的培训和技术，并将之视为实现目标的内在要求；（6）与正规金融机构建立必要的联系；（7）鼓励和组织客户参与信贷项目的选择、管理、监督和实施的全过程。

而中国人民银行研究局和中国人民银行杭州中心支行在 2010 年的报告指出，小额贷款公司运行总体经营模式和特点有：（1）客户定位合理，较好覆盖"银行信贷盲区"；（2）贷款期限趋短，有效起到解急帮困作用；（3）担保方式多样，充分发挥金融"毛细血管"的功能；（4）贷款利率较高，收益基本覆盖风险与成本；（5）贷款流程简捷，信贷服务水平不断提升；（6）内控制度初步建立，风险防范能力有所加强。

张睿等（2015）以全国小额贷款公司抽样调查为基础，对小额贷款公司贷款情况进行了调查分析，分析结果表明，我国小额贷款公司经过近年来的发展，业务经营在贷款行业、贷款对象、贷款利率等方面已呈现出与商业银行不同的特征。信贷约束在我国农村普遍存在，农业补贴和农村非正规金融能否有效缓解农村信贷约束有待验证。刘勇和李睿（2018）将农户的正规信贷需求分为有效信贷需求、潜在信贷需求和隐蔽信贷需求，以中国家庭金融调查（CHFS）项目所调查的 2973 户从事农业生产的农业家庭为样本，运用加权 Probit 模型考察农业补贴和非正规金融对我国农户正规信贷需求的影响，结果表明，农业补贴和非正规金融都刺激了农户的正规信贷需求。应适当增强农业补贴力度，积极引导农村非正规金融发展，努力提高农民收入，以进一步缓解农村信贷约束。

而何广文和刘甜（2019）从创业动机异质性的视角探究贫困地区创业农户的信贷需求及影响机理，发现贫困地区创业农户的信贷需求总体与其预期收益呈正相关关系，有不同创业动机的农户的资本积累和对外部资金的依赖程度存在差异，部分抵消了预期收益对信贷需求的影响，其中生存维持型和价值实现型创业农户的信贷需求相对较大；不同创业动机农户的正规信贷需求未表现出显著差异，贫困地区正规信贷产品同质化严重；创业年限等创业特征对不同创业动机农户的信贷需求有不同影响。

（三）小额贷款公司可持续发展问题的讨论

近年来，在国内文献中关于小额贷款公司可持续发展的讨论逐渐增加，焦点问题主要集中在以下几个方面。

1. 资金来源受限

小额贷款公司的主要资金来源为股东缴纳的资本金、捐赠资金及来自不超过两个银行业金融机构的融资，不得向内部和外部集资、吸收或变相吸收公众存款。资金是企业运转的血液，"只贷不存"及注册资本的限制注定了小额贷款公司放贷规模不足，存在着先天的弱势。面对农户、中小微企业和个体工商户的旺盛资金需求，小额贷款公司经常面临无钱可贷的情况。李昊（2009）特别提到了温州的案例，有小额贷款公司开业不到半天，就贷出近 1/3 的资金。很多家小额贷款公司在成立不久都遇到了类似情况，而股东注资或向银行拆借困难重重（宋晓桐，2010）。在当前政策环境下，没有吸储能力的小额贷款公司对于解决中小微企业及农户的融资问题只能起到暂时的作用。

2. 利率受限

许多国家都对小额贷款设置了利率限制，根据 Helms 和 Reille（2004）的研究，约 40 个发展中国家有最高利率的限制，其初衷一方面是保持金融机构的正常运行，另一方面是保证小额贷款机构的客户（多为穷人）能够以较低的利率取得贷款，从而减轻还款压力。我国《关于小额贷款公司试点的指导意见》（简称《意见》）规定：小额贷款公司按照市场原则进行经营，利率上限放开，但不得超过司法部门规定的4倍。尽管国际实践表明，经营小额贷款公司未必一定要限制利率，因为设置利率上限会导致一部分小额贷款公司的生存难以为继，进而影响小额贷款的供给，使一些得不到贷款的中小微企业或农户转向民间借贷（高利贷），加重其还款成本。根据世界银行估计，小额信贷利率一般在年利率25%才可以实现盈亏平衡。诺贝尔和平奖得主尤努斯的格莱珉银行的贷款利率在20%～35%。

3. 税收负担重

由于小额贷款公司并不属于金融企业，所以按一般公司的税率来缴纳企业所得税、增值税、印花税等。一般金融机构的所得税是按存贷利率之差来征收的，而小额贷款公司所得税却是对贷款的全部利息来征收的。此外，由于小额贷款公司的贷款期限一般比较短，资金流转速度相对比较快，因此与一般的金融机构相比，需要缴纳更多的增值税（耿万华等，2010）。

4. 身份定位不明

《意见》将小额贷款公司定义为非金融机构的"企业法人"，在工商部门登记，其运营严格按照《中华人民共和国公司法》（简称《公司法》）的章程。但现行的《公司法》并未就涉及贷款类业务的公司进行规定，而我国的《中国人民银行贷款通则》则规定贷款人必须经中国人民银行批准经营贷款业务，持有中国人民银行颁发的"金融机构法人许可证"或"金融机构营业许可证"，两者明显矛盾。这种定性及其矛盾反映在对小额贷款公司业务范围、经营区域、监管体制等方面的制度设计上，并直接导致当前小额贷款公司定位不明的经营困境（刘国防和齐丽梅，2009）。

5. 成本高、风险大

小额贷款"只贷不存"的特点导致财务杠杆受限，基于股权投资的展开成本相对较高。此外，由于小额贷款公司被界定为"非金融机构"，这一身份定位势必限制并导致小额贷款公司融资成本较一般的金融机构高出很多。此外，小额贷款公司遵循"小额、分散"的原则，对于相同数量的贷款，小额贷款公司必须较之商业银行付出更高的管理费用。

6. 选址不合理

范炜（2010）指出，有 62.5% 的小额贷款公司的注册场所在城市（在镇上的比例仅 37.5%），目前还没有小额贷款公司注册地在乡一级。因此，为了加大对"三农"金融服务的扶持，应当鼓励在乡镇地区新设小额贷款公司。而丁怀寿（2010）指出，小额贷款公司存在选址不科学，经营同质化等问题。大部分小额贷款公司设在商业银行及中小金融机构网点较多的城镇，竞争激烈，由于贷款利率高，只能把不符合银行业信贷条件的企业作为贷款对象，因此贷款风险大。

孔哲礼和李兴中（2014）通过引入农户投入努力程度、农户未来收益预期等中间变量，研究利率水平、农户违约风险和农村信用社可持续发展能力之间的关系，并利用新疆县域的相关数据进行了验证。研究结果表明，农户小额贷款的利率水平过高将不利于农村信用社的长期持续稳定经营；农户贷款的单户规模要保持在适当水平，要关注农户收入水平的提高，防止因农户"短视"而形成的违约。耿欣和冯波（2015）认为，作为一种比较纯粹的市场金融形式和市场金融交易制度，小额贷款公司在信息获取、交易成本、融资效率等方面较正规金融机构具有显著优势。他们以山东小额贷款公司为例，对小额贷款公司的运营与可持续发展情况进行探讨，发现山东小额贷款公司服务弱势群体的功能在一定程度上得到了实现，但也出现了较为明显的"使命漂移"现象。黄伟（2020）以重庆市小额贷款公司为样本，从企业内部、宏观政策环境两个层面进行分析，探究当前阶段影响小额贷款公司可持续发展的因素及其未来的发展方向。通过因子分析法，从 14 个指标中提取了影响小额贷款公司可持续发展的 4 个因素，分析结果表明：规模盈利因子、风险防范能力因子、发展能力因子及资产管理能力因子等是影响重庆市小额贷款公司发展的因素。

另外，本书的研究与发展中国家非正规金融（informal finance）体系的发展有很大的联系。各种形式的非正规金融在发展中国家和地区广泛存在，林毅夫和孙希芳（2005）认为非正规金融在收集关于中小企业的"软信息"方面具有优势，通过构建金融市场模型，证明了非正规金融的存在能够改进整个信贷市场的资金配置效率。姚耀军（2009）认为在转轨经济中，中国正规金融体系没有发挥正常的金融功能。在许多农村地区，小额信贷起到了既补充和替代了非正规金融，又补充了正规金融的作用（孙若梅，2006）。

（三）小额贷款公司运行与绩效评价

2014 年，国内学者开始对小额贷款公司的运行和绩效进行理论和实证研究，尤其是在研究方法上提出了更多的数据支持，运用了更多的实证分析手段，取得了较多的研究成果。杨虎锋和何广文（2014）以 42 家小额贷款公司为样本，分析了小额贷款公司的生产效率。于转利和赵国栋（2011）对西部 4 省小额贷款公司的运营效率进行了研究。杨小丽和董晓林（2012）及董晓林和高瑾（2014）以江苏省 227 家农村小额贷款公司为研究样本，对小额贷款公司运营效率和影响运营效率的因素进行研究。赵雪梅（2015）以甘肃省 137 家小额贷款公司为样本，运用 DEA 模型对小额贷款公司的运营效率进行评估，并对运营效率的影响因素进行实证分析。研究结果显示，小额贷款公司运营效率整体不高，地区差异不明显，个体差异较大，平均单笔贷款规模对其运营效率具有显著的负向影响。胡金焱和梁巧慧（2014）在对各省区市相关政策进行梳理的基础上，分试点初始期和整个试点进程两个区间，研究了政策差异对小额贷款公司发展的影响。王露祎和宁秀云（2014）及张磊（2014）分别对阿里金融小微信贷的运行模式进行了分析。

张睿等（2015）基于对全国小额贷款公司的抽样调查，对小额贷款公司贷款情况进行了调查分析，小额贷款公司的业务经营在贷款行业、贷款对象、贷款利率等方面已呈现出与商业银行不同的特征。温涛等（2017）从另一个视角对小额贷款公司的运行与绩效评价进行了研究，认为微型金融机构的双重使命与其暗含的内在冲突性决定了传统效率测度方法难以对其实际经营效果进行全面综合的反映。他们基于 499 家国内外的微型金融机构的数据，采用"双重底线"视角，分别构建了财务效率和社会效率（社会深度、社会广度和综合社会效率）指标，并测度了微型金融机构财务和社会效率间的冲突程度。他们的实证研究结果表明，微型金融机构在其发展过程中难以同时兼顾财务效率与社会效率，通常情况下都会为了保证其财务的可持续性而不得不牺牲社会服务效率，进而出现"使命漂移"现象，最终降低了金融的普惠性。而中国的微型金融机构正步入财务导向的发展模式，如资产规模、人均贷款规模、自主经营效率等因素能够显著提高微型金融机构的财务效率，但对其多维度的社会服务效率提高却呈现出了不同程度的抑制作用。孙斌山（2019）以甘肃省武威市古浪县为例，对农村商业银行小额贷款的扶贫绩效进行了实证研究，发现古浪县农商银行小额贷款扶贫微观分项绩效评价结果为"效益性绩效＞经济性绩效＞效率性绩效＞公平性绩效"，同时得到古浪县农商银行小额贷款扶贫微观综合绩效评价等级为"良"。研究根据综合评价结果，提出了有针对性地提升农商银行小额贷款扶贫绩效的措施与建议：（1）大力宣传金融知识，提升农民的信用意识；（2）加大教育投入力度，提升自我发展能力；（3）加大对基础产业的扶持力度；（4）营造良好的社会信用环境；（5）增设金融机构服务网点。

杨竹清和张超林（2019）选取了2012—2016年我国31个省区市的村镇银行和扶贫数据，分析村镇银行的扶贫效应。实证结果发现，村镇银行在扶贫过程中存在以下三种效应：一是累积效应，即各省区市的村镇银行数量越多，扶贫效果越好；二是同域效应，即与发起行位于相同的省区市的村镇银行数量越多，扶贫效果越好；三是补充效应，即在经济金融欠发达的省域，村镇银行能够发挥较好的扶贫效果，村镇银行的设立和运作弥补了部分欠发达省域扶贫金融服务的短板。张龙耀等（2021）利用6个省、60个县的4220户农户的调查数据，运用Probit模型实证检验微型金融机构的普惠效应，即小额信贷能否为中低收入和贫困农户提供信贷支持，以及能否利用自身特殊的贷款机制拓展农村金融的覆盖面。实证结果发现，微型金融机构能够将信贷服务向正规金融机构无法覆盖的中等收入群体延伸，其普惠效应主要源自其以现金流为核心的信贷技术，能够克服传统金融机构普遍依赖抵押品的不足。但是，小额信贷的金融普惠程度有一定的局限，无法覆盖那些收入不稳定、贫困程度较深的农户，该结果在采用多层阈值定义贫困农户后依然稳健。

（四）小额贷款公司业务创新实践

从 2014 年以来，对小额贷款的业务创新研究开始增多，综观国内的众多研究，主要集中在三个方面：第一，小额贷款公司模式创新；第二，小额贷款公司资产证券化；第三，互联网金融背景下 P2P 网络借贷。

1. 小额贷款公司模式创新的实践

互联网金融具有信息、成本、效率和普惠的优势，作为"第三种金融融资模式"，它比间接融资和直接融资更加契合小微企业的融资需求。徐洁等（2014）分析了互联网金融与小微企业融资的协同合作优势，并以融资双方的供需对接为标准，把互联网金融与小微企业融资模式分为点对点融资模式、基于大数据的小额贷款融资模式、大众筹资融资模式和电子金融机构—门户融资模式四种主要模式。戴东红（2014）从小微企业融资角度，结合典型互联网金融机构的运营实践，对我国互联网金融支持小微企业融资的四种模式进行剖析，进而提出促进互联网金融支持小微企业融资的建议。谢玉梅等（2016）以贵州雷山县为例，研究了精准扶贫小额信贷创新个案，贵州雷山县在精准扶贫思想指导下，结合实际，创新性地提出银保互动扶贫小额信贷模式。银保互动模式通过精准识别、信用评级及保险机制缓解了贫困户贷款中的道德风险、自然风险和人身意外风险；金融机构在扩大贷款的同时保持了较为稳定的资金回收率，提高了贫困户的收入水平。由于在开发式扶贫进入攻坚阶段后，贫困户增收机会少、对生产性贷款有效需求不足，因此，扶贫小额贷款的使用方法需要进行相应的调整，根据贫困户的能力和需求采取不同的资金支持策略。李文中（2014）基于银、企、保三方的博弈分析了小额贷款保证保险在缓解小微企业融资难中的作用。基于博弈分析，通过改进外部条件和进行机制设计，能够有效地治理小额贷款保证保险面临的逆向选择和道德风险，使小额贷款保证保险在缓解小微企业贷款难问题上能够比保证担保更好地发挥作用，这项实践特别需要政府的政策扶持。

张若瑾（2018）以一个双边界询价的实证分析研究了创业补贴、小额创业贷款政策对回流农民工创业意愿激励的实效比较，对四川、河南两省的 330 户农户进行了农民工创业意愿及影响因素调查，结果显示：第一，相比创业补贴，创业小额贷款对农民工创业意愿的激励更大。在提供创业补贴时，约 19% 的新生代农民和 19% 的老一代农民愿意创业；在提供小额贷款时，约 41% 的新生代农民和 24% 的老一代农民愿意创业。第二，创业补贴、创业小额贷款对新生代农民工的激励作用大于对老一代农民的激励，当加大创业扶持力度时，新生代农民的创业意愿升幅较大。第三，农民工创业者对初始资金需求大但金融意识淡薄，融资方式仅局限于传统储蓄借款方式。

曾小溪和孙凯（2018）在分析宁夏扶贫小额信贷的实践探索的基础上，对当前金融扶贫工作和扶贫小额信贷工作做出总体评价。研究发现，当前扶贫小额信贷主要存在以下问题，金融机构及其从业人员积极性不高、片面要求提高覆盖率和新增贷款投放量可能会导致承贷主体和资金使用主体不一致的风险、贫困人口在建档立卡系统中的"进进出出"、宣传不够到位等。基于此，他们建议将金融扶贫工作融入宏观金融政策体系、建立多种渠道降低金融扶贫成本、建立有效的政府增信机制、加大金融扶贫基础工作力度、利用互联网技术改造传统金融业务、鼓励支持和引导合作性金融政策发展、尽快落实尽职免责制度、设计合理的利益联结机制、将金融扶贫和产业发展结合起来等，进一步落实扶贫小额信贷精准扶贫政策。

徐玮和谢玉梅（2019）认为可从贷款需求和金融机构贷款供给两个维度考量贫困户贷款的可得性。他们利用实地调研资料，从理论和实证两方面分析"贫富捆绑"和"银保互动"两种模式对贫困户的贷款可得性的影响。研究结果表明，"贫富捆绑"对贫困户贷款需求的促进作用更大，两种模式都不能显著提高对贫困户的贷款供给。精准扶贫在实施过程中应该注重提高贫困户的有效贷款需求，合理设计针对性强、契合度高的"亲贫式"贷款产品，积极拓展更多抵押担保替代机制，实行低利率政策，破解贫困地区的"信息贫困"问题，拓展贫困户对外融资需求，并继续探索能够防范金融机构资金风险的风险防范体系，提高贫困户的贷款可得性。张正平等（2019）基于普惠金融视角研究了新型农村金融机构瞄准目标客户的影响因素。由于新型农村金融机构在迅猛发展的同时也面临严峻的"瞄不准"问题，存在偏离目标客户、目标地区等倾向。他们以 121 家新型农村金融机构为样本，从服务对象、服务区域和服务方式 3 个维度构建了包含 11 个指标的新型农村金融机构目标瞄准指标体系，在运用变异系数法确定指标权重后，再利用实际数据计算新型农村金融机构的目标瞄准指数，构建了计量模型，检验了新型农村金融机构目标瞄准指数的影响因素，并对重要因素做进一步的门限效应检验。实证研究发现：新型农村金融机构的股权集中度越分散，拥有越多的国有资本、管理效率越高，越有利于其瞄准目标客户；而机构规模、地区信用环境则对其瞄准目标有负向影响。上述结论对精准扶贫背景下新型农村金融机构的发展和监管有重要的政策启示。

杨哲和黄迈（2019）基于社区银行视角，对农村金融服务渠道创新及政策进行了研究。为进一步完善和构建多层次的农村金融服务渠道，商业银行在拓展农村市场、建设农村金融服务渠道时，要细分金融需求层次，针对不同新型农业经营主体的需求，采取差异化发展策略；丰富金融服务渠道建设模式，创新个性化金融服务和差异化金融服务，推动县域金融服务水平全面提升。针对农村金融服务发展的新模式和新趋势，监管部门应鼓励和引导金融机构在农村地区加强金融服务渠道建设，加强对惠农服务站这种农村社区银行新模式的监管和引导，在加快推广惠农服务站新模式的同时防范金融创新带来的风险。

2. 小额贷款公资产证券化的实践

资产证券化是近 40 年来最重要的金融创新之一。从住房抵押贷款支持证券开始，资产证券化如今已发展成为可将大量各种类型的资产进行证券化的金融技术，被称为金融的"炼金之术"。我国从 2005 年开始正式的资产证券化试点，但这些年来发展并不平稳。对于小额贷款公司而言，不能吸收存款和债务融资受限等现状，限制了其发展。徐静娴和饶海琴（2014）以东证资管阿里小贷资产管理计划为例、辛逍（2014）以国内首例小额贷款公司发行的小额贷款资产证券化项目"阿里巴巴 1–5 号专项资产证券化"为切入点，分析了我国券商资产证券化及小额贷款公司资产证券化的特点和问题，发现此类项目仍然存在流动性不足、动态资产池管理风险、未实现法律意义上的破产隔离等问题，并提出了解决思路，对完善相关法律制度、提高资产支持证券市场流动性和促进小额贷款公司资产证券化提出了建议。刘洪泽（2014）基于期权调整利差法对小额信贷资产支持证券进行了初步定价研究，详细分析了信用违约风险及提前还款风险对小额信贷资产支持证券现金流变动的影响，通过蒙特卡洛模拟方法对东证资管阿里巴巴1号优先级资产支持证券进行了定价实证。张万军等（2015）以中和农信小额贷款资产支持专项计划为例，研究了通过资产证券化解决小额贷款公司融资困境的问题。刘琪等（2015）以东证资管阿里小贷为例，对互联网金融下的资产证券化、阿里小贷模式资产证券化突破传统模式的几个方式及其风险监控措施进行分析。庞小凤和邹震田（2017）认为开展资产证券化是许多小额贷款公司拓宽融资渠道的一种可行途径，通过分析我国小额贷款公司的业务发展及经营现状，重点阐明小额贷款公司资产证券化的基本模式并提供了典型案例，同时为相关业务开展提供了有益建议。谢世清和陈方诺（2017）梳理了格莱珉银行的发展历程和创新特点，阐述了小组激励模式并进行了博弈分析，认为关系共同体价值的高低是贷款成功与否的关键因素；然后，分析了格莱珉银行目前的不足之处，并结合格莱珉银行的教训，认为在农村小额贷款中应当发挥关系融资的优势，明确不同公司主体的功能和目的，在发展和监管之间维持平衡。姜孝亮（2019）从理论和案例研究两方面入手，分析互联网金融背景下资产证券化的模式。他认为可以吸取较为成功的东证资管阿里小贷证券化项目的经验，将基础资产的范围延伸到线下小额贷款、互联网消费贷款等，采取循环购买的模式，建立动态资产池，对基础资产池进行分级打包，对外采用储架发行方式，实现投资者与融资人的双赢。同时他提出应注意阿里小贷互联网金融证券化过程中存在的流动性不足、过度金融创新等问题，应严防"类资产证券化"项目野蛮生长，并对此提出完善相关法律和监管制度、提高产品流动性、防止过度资产证券化等建议。

3. 互联网金融背景下 P2P 网络借贷的实践

随着互联网、移动互联网的发展及金融工具的不断创新，网络借贷平台在国内外快速兴起，P2P 借贷模式作为互联网金融的一种重要的创新模式，也逐渐得到了学术界的高度关注和认可。对比国内外 P2P 在线借贷平台可以发现，国内 P2P 在线借贷平台在经营理念上与国外平台有相似之处，但由于信用和法律环境的差异，我国 P2P 在线借贷平台在交易模式、风险控制等方面问题较多，在发展阶段与未来空间上也显示出很大的差距，P2P 行业规范问题的解决刻不容缓。郭卫东和李颖（2014）综合国内外 P2P 在线借贷平台的发展现状，为更好地推动我国 P2P 在线平台发展，一要完善相应法律，加强行业监管；二要加强平台的认证建设，防范风险；三要改善平台的运营方式，分散风险；四要提高平台的财务透明度。而叶湘榕（2014）对 P2P 行业的监管分析表明，对 P2P 行业的监管应确定金融创新容忍、行为监管、监管一致性和消费者保护的原则，根据不同 P2P 模式的性质和风险情况制定有针对性的监管方案，同时加强行业自律。李昌荣等（2015）基于博弈论分析了借款人在 P2P 小额贷款市场中的信用行为，认为 P2P 小额贷款市场在我国野蛮生长，存在着较严重的信用风险问题。该研究构建了 P2P 小额贷款市场借贷双方的静态和动态博弈模型，分析了借款人的信用行为及违约的约束条件。结果表明：在静态博弈中，较高的违约成本是借款人信守承诺的必要条件，并且借贷双方的"廉价磋商"大大增加了博弈达到帕累托最优均衡的可能性；在动态博弈中，较高的违约成本是借款人守信的充分条件；借款人的信用行为还与博弈次数有关，在无限次重复博弈中，无论违约成本高低，坚持守信都是借款人最好的选择。李玉秀（2016）在大量而广泛的实地调研基础上，结合调研取得的第一手现实资料，详细梳理了我国互联网消费金融的发展历程、特点及运行模式，分析了其存在的问题，从完善消费金融行业法律制度建设、加强对互联网消费金融的有效管控、拓展消费金融投融资渠道、逐步完善社会征信体系建设等方面提出促进互联网消费金融规范健康发展的建议。杨东（2016）针对校园网贷的兴起，研究了开展校园网贷业务的各类公司和平台乱象横生而引发的一系列问题，就整顿校园网贷、时刻树立"社会责任"意识、保护消费者利益、建立联动监督机制、加强金融消费教育、提高在校学生的自我保护意识等方面提出了建议。桂媛媛和陈彦华（2016）也对校园网络贷款进行了研究。由于大学生群体基数大，对新鲜事物的接受能力强，且消费需求旺盛又无收入，很多网络贷款平台便专注于开拓大学生市场。平台蜂拥而入，加上国家又没有相应的法律法规来管理，致使市场混乱，很多学生上当受骗。他们通过调查大学生网络贷款的现状，指出大学生在网络贷款过程中存在的风险，从而提出降低风险的对策。张兆曦和赵新娥（2017）基于互联网金融监管新规的相关内容，界定了互联网金融的基本概念，归纳总结了互联网金融的发展阶段，提出了互联网金融的七种模式，即互联网支付、网络借贷、股权众筹融资、互联网基金销售、互联网保险、互联网信托、互联网消费金融，并描述了这七种模式的基本特点、发展概况和监管规定。

（五）小额贷款公司风险控制和监管

小额贷款公司作为中小微型企业融资补充的非银行金融机构，以"小额、分散、灵活、快捷"的差异化金融服务方式，为"三农"、中小微型企业和个体私营经济提供了良好的资金支持，有效地扩大了金融服务覆盖面，对平抑民间借贷利率、维护金融市场稳定发挥了一定的积极作用。然而，在小额贷款公司经营的过程中，由于贷前调查、贷中审查、贷后跟踪管理不够细致，风险控制不到位，风险管理问题日益突出。因此，研究小额贷款公司的风险管理、对小额贷款公司依法合规经营进行有效监管、提高风险管理和监管水平，成为近年来学者和业界关注的重要问题。

国内的众多相关研究主要集中在两个方面：第一，对小额贷款公司风险控制的研究；第二，对小额贷款公司监管的研究。

1. 对小额贷款公司风险控制的研究

当前，商业银行推动农民小额信贷的一个重要瓶颈就是小额信贷信息不够透明，银行难以控制农民的信贷风险。农村小额信贷的支持对象主要是农村贫困人口，这类人缺乏信用记录，长期以来缺少合格抵押物和担保，在国家金融支农力度不断加大的背景下，他们依旧难以获得融资支持，这成为"三农"发展的重要制约因素。李明（2014）以我国小额贷款公司风险管理为研究对象，在前人研究的基础上，针对我国小额贷款公司风险的实际特点，利用文献分析法、专家访谈法、定性分析与定量分析相结合的方法，按照"风险的识别—风险的评价—风险的计量—风险的控制—风险的监管"这样一个合乎逻辑的过程展开，比较系统、全面地研究了我国小额贷款公司风险识别、风险评价、风险计量、风险控制及风险监管。他从把握我国小额贷款公司的风险点角度，对我国小额贷款公司的风险进行了识别，最后应用模糊层次分析法（FAHP）对我国小额贷款公司的风险识别进行了实证分析。根据实证分析结果，贷款决策风险在12个风险因素中排名第一，法律风险排名第二，而行业风险排名第十一。他构建了我国小额贷款公司风险评估指标体系，包括：客户经营与决策能力维度、客户贷款特征维度、客户发展前景维度、客户管理层特征维度、小额贷款公司关系能力维度、客户偿债能力维度。唐敏等（2014）对我国村镇银行信用风险防范策略进行了研究，由于村镇银行受农业的高风险性特征等影响，村镇银行面临的最主要风险是信用风险，因此作者对村镇银行信用风险的成因进行了分析，提出村镇银行信用风险的防范策略。舒歆（2015）以河南省某市农村信用社农户小额贷款的实践为例，建立了因地制宜的农户信用评价指标，并通过 Logistic 回归方法进行实证研究，为农户信用评价提供了一套科学可行的指标体系，旨在缓解农户贷款难问题，同时也能有效地提高农村信用社的风险控制管理水平，更好地促进当地农户小额贷款业务的发展，带动当地经济的增长。迟国泰等（2015）认为，由于农户小额贷款具有财务信息不健全、贷款对象分散等难点及特点，农户小额贷款的信用风险评价体系极不完善。他通过偏相关分析和综合判别能力相结合，构建了由16个指标组成的农户小额贷款信用评价指标体系。通过支持向量机方法，在筛选出的指标体系基础上，构建了农户小额贷款的信用评价模型。对中国某全国性大型商业银行2044个农户的实证研究结果表明：学历、恩格尔系数等指标是能够显著区分农户违约状态的关键指标；向 CCC 等级及其以上的客户提供贷款，可以保证银行的目标利润；对 CC 等级及其以上的客户提供贷款，可以达到银行的盈亏平衡。王李（2015）则对商业银行小额信贷业务内部控制的有效性进行了探讨。随着外部监管制定了鼓励商业银行开展小额信贷业务的一系列优惠政策，商业银行将小额信贷业务作为利润的新增长点。但小额信贷在内部控制方面存在诸多薄弱环节，其风险管控水平整体上还处于局部、分散的状态。作者提出应借鉴有关内控理论和业内实践经验，成立内部控制管理委员会，强化各部门在内控体系建设中的职责，通过内部控制生成机制的基本逻辑关系，银行利用流程来实现小额信贷业务内部控制的有效性。

胡金焱和张强（2016）在理论分析的基础上，使用山东省 2013—2015 年 66 家小额贷款公司的面板数据，实证检验了小额贷款公司平均每笔贷款额度与公司收益率和违约率的关系。研究发现，平均贷款额度与收益呈倒 U 形关系，贷款额度的边际收益受公司违约率的影响，表现出非线性门限关系。一旦违约率高于门限值，贷款额度与收益呈显著负相关，其原因是当高于相同的违约率门限值时，贷款额度与违约率是正相关关系，此时提高贷款额度会加剧违约率的上升，从而侵蚀公司的收益。衣柏衡等（2016）研究了小额贷款公司对客户进行信用风险评估时面临的问题，构建了信用风险评估指标体系，改进了支持向量机（support vector machine，SVM）对非均衡样本分类时分类超平面偏移的不足。针对传统 SMOTE 算法在处理非均衡数据时对全部少数类样本操作的问题，作者提出仅对错分样本进行人工合成的改进思想，并给出具体算法步骤，还将改进算法用于某小额贷款公司客户信用风险评估案例中。蔡闽（2016）总结了网络金融在促进小微金融机理方面的作用，提出一种新的风险控制原则和盈利模式——流量覆盖风险。互联网金融借助大数据和技术更好地实现了"大数法则"，网络贷款应恪守小额、产品简单、贷款分散的原则，以较少的风险控制指标和精简的信贷流程提升客户贷款体验，以低风险、低成本的金融服务普惠更广泛的人群。商业银行的小额贷款数据提示网络金融从业者去抵押担保化、把握好借款人、低杠杆率、本地化开展个人贷款，在降低小额贷款风险的前提下，加快业务健康发展。张桦成（2017）对通过农民信用评级和农村信用体系建设解决农民小额信用贷款时所遇到的瓶颈问题进行探讨。通过对农村信用体系建设的政策分析、实际调研和案例分析发现，金融机构形成"农户＋征信＋信贷"的业务模式，为农户贷款建立了通道。征信本身的信息记录功能和对激励与惩罚措施的规定，降低了农民在重复博弈中的机会主义和道德风险，有助于农村良好信用风气的形成。农村金融机构把农户信用评价结果与贷款投放和风险控制相结合，推动农民小额贷款的规范化发展。在对农民进行信用等级评定的过程中，也加深了基层组织和农民之间的相互信任，农民获得了生产资金，对农村和农业进行投入和开发，农村金融生态发展形成良性循环。张正平和杨丹丹（2017）则基于修正后的霍特林模型，分析了新型农村金融机构扩张及金融市场竞争对普惠金融发展的影响，并提出研究假说，结合中国 31 个省区市的数据，运用文本挖掘法构建普惠金融发展指数，并以此测算各省份普惠金融发展水平，利用 2010—2014 年的数据，分别采用静态面板模型和动态面板模型估计新型农村金融机构扩张及其与金融市场竞争的交互作用对普惠金融发展的影响，分东部、中部、西部三大区域做进一步的稳健性检验。结果显示：新型农村金融机构扩张对普惠金融发展水平有显著的正向影响，并且在金融市场竞争水平越高的区域，这种影响越大；人均地区生产总值、交通便利程度、城乡收入差距、农村保险发展水平等因素也对普惠金融发展水平有显著的正向影响，并且这种影响在不同区域存在差别。

对于电商平台及其资金不足的中小供应商均有利的融资模式，于辉等（2017）从供应链金融的视角出发，研究了银行借贷和电商借贷两种模式，构建了供应商以订单作为抵押向电商平台融资的两方博弈批发价契约模型。研究发现，银行贷款利率是影响供应商和电商平台利润的重要指标，对供应商和电商平台同时有利的贷款利率存在两个阈值点，在两个阈值点之内，电商借贷更有利；在两个阈值点之外，则银行借贷更有利；电商借贷模式对供应商及其所处供应链更有利。石宝峰等（2017）在考察商户小额贷款违约损失、商业银行目标利润的基础上，提出利用信用等级越高、违约损失率越低的风险等级匹配标准来划分商户的信用等级，进而构建了基于风险等级匹配和普惠金融双重约束的信用评级理论模型。利用中国某国有大型商业银行在全国 29 个省区市的 2157 个商户小额贷款数据进行实证分析，得到了既能满足风险等级匹配标准，又能实现银行目标利润的信用等级划分结果。研究结果表明：通过设计合理的信用评级机制，可走出商业银行不愿意放贷、守信商户得不到贷款的困境。利用信用等级越高、违约损失率越低的风险等级匹配标准划分商户的信用等级，可以保证信用等级越高的商户违约损失率越低、贷款利率越低。石宝峰等（2017）通过显著性判别遴选对商户违约状态影响显著的指标，建立了能显著区分商户违约状态的小额贷款信用评级指标体系。在此基础上，结合 PROMETHEE-Ⅱ（偏好顺序结构）和聚类分析方法，构建了商户小额贷款信用评级模型，并对中国某国有商业银行的 2157 个商户小额贷款样本进行了实证研究。实证研究表明，影响商户小额贷款信用风险的重要性排序依次为：偿债能力、基本情况、宏观环境、营运能力、保证联保、盈利能力。

我国农业人口占户籍人口比重达 64.71%，近年来，国家一直鼓励发展农村小额贷款以促进解决"三农"问题，但农户小额贷款对象存在分散性、财务信息不健全等特点和难点，且现行的商业银行传统的信用评分模型无法完全适用于农户小额贷款信用风险评估的实际运作，使农户小额贷款评估成本高、难度大，发展缓慢滞后。石宝峰和王静（2018）基于 ELECTRE Ⅲ 的农户小额贷款信用评级模型，通过 Logistic 回归显著性判别遴选对农户违约状态影响显著的指标，建立了由年龄、非农收入/总收入等 13 个指标组成的农户小额贷款信用评级指标体系，利用熵权法求解评价指标权重，构建了基于 ELECTRE Ⅲ（消除与选择转换评价）的农户小额贷款信用评级模型，并对中国某全国性大型商业银行的 2044 个农户样本进行了实证。樊树钢和周少雅（2019）则基于 Delphi 和 AHP 法构建了农村小额贷款风险评估模型，深入考察了影响农户贷款回收的风险因素，构建中国农户小额贷款违约风险评估体系，为进一步研究小额农贷的信用风险管理和风险控制提供理论依据。

近年来，小额贷款行业的公司普遍存在风险管理体制不健全、贷款回收难的问题，行业经营风险日益增加。温文凤（2020）以万意小额贷款公司为例，构建了一套科学的客户信用风险评价指标体系，从降低客户的信用风险这一角度来保障资金链顺畅运行，使公司能够可持续发展。研究表明，构建科学的客户信用风险评价指标体系可以规范小额贷款公司在贷款审批、贷后管理等方面的实际操作，提高公司的风险识别、风险管理能力，为公司做出贷款发放金额、期限、利率等重要决策时提供重要依据。王燕（2020）以惠民小额贷款公司为研究对象，对公司企业客户信用评级指标体系优化进行了研究，通过分析近年来惠民小额贷款公司的不良贷款情况，得出信贷不良的主要问题出在贷款事前准入环节，主要体现在贷款业务人员未能有效识别借款人可能发生逾期还款的风险因素，通过本次信用评级指标体系优化，可以使惠民小额贷款公司更加合理地对贷款客户进行评价筛选。樊敏娟（2020）基于对江苏民丰农村商业银行微贷中心小额贷款项目发展现状和相关数据的分析，从整体上掌握江苏民丰农村商业银行微贷中心小额贷款项目发展及资产质量控制情况，从江苏民丰农村商业银行微贷中心现有风险管理方法和管理水平出发，分析江苏民丰农村商业银行微贷中心小额贷款项目发展的优劣势、面临的机遇及威胁，为解决问题提供思路，通过对该银行微贷中心小额贷款项目的分析，为未来该行微贷中心小额贷款项目发展指明了方向。

2. 对小额贷款公司监管的研究

王煜宇和刘乃梁（2016）研究了新型农村金融机构的制度障碍与法律完善。新型农村金融机构的建设承载了金融公平、金融普惠、金融安全与金融效率等多元发展理念，但由于缺乏有效的制度协调，深层次的理念冲突浮出水面，进而造成金融机构的发展欠缺可持续性。以"权利—义务—责任"为框架的法律制度为新型农村金融机构的发展提供了改进方向。由内而外地完善企业法人、区域竞争、金融监管和安全保障等制度是新型农村金融机构可持续发展的理想向度。

随着经济的快速运行与发展，金融创新持续升级，在科技领域出现众多关于网络贷款的互联网公司。与此同时，不少科技公司也开办了网络贷款业务，甚至还创造出品种繁多的贷款产品。而这些公司凭借场景、流量、数据和全国展业的优势，通过助贷和联合贷款让互联网贷款总量不断增长。孔凡尧（2020）以蚂蚁金融服务集团为例，分析金融科技企业存在的问题、为什么国家需要对金融科技加大监管力度及如果监管不当会发生什么后果。为规范小额贷款公司网络小额贷款业务，统一监管规则和经营规则，国家应出台相关的政策、法规，对运营过程中的问题做出详细规范，来保障金融科技企业的运行和加大对金融消费者的保护力度。花呗的法律属性为一种消费信贷产品，而非银行等金融机构发行的信用卡。张怡铭和李佳峰（2020）对诈骗花呗额度的行为进行了定性分析。诈骗花呗额度的行为，涉及四方主体刑事责任认定问题。行骗人提议被害人使用花呗付款，因被害人对使用花呗刷单具有自我决定权且遭受了实际损失，应当认定为普通诈骗罪而非贷款诈骗罪的间接正犯。

互联网信贷监管新规是对治理互联网信贷乱象的经验总结，更是规范和促进互联网信贷行业持续健康发展的制度创新。盛学军（2021）认为，在大数据技术加持下，客户渠道与风险定价融为一体，显著地提升了互联网信贷的风险控制能力，而大数据风险控制模式下对数据、场景、技术进步的依赖又给金融监管当局提出了如何应对信贷环节分工拆解的重大挑战。新规回应了互联网信贷的技术创新，在肯定互联网信贷业务环节流程分散的基础上，明确了信贷主体必须保持对风险决策与控制的自主性，实现合作各方权责的适当分配。当然，新规中存在的主体监管偏见、核心业务界定凌乱、联合贷款规则适用性差等问题尚需深入进一步考量。姚名睿（2021）则对金融科技跨界生态监管思路进行了探索，认为金融科技巨头已经有了非常庞大的用户体量，积累了海量数据，并形成了错综复杂的生态体系。作者认为，有必要尽早探索建立一种新型的跨界科技监管基础设施，以监管科技应对金融科技，以互联互通和大数据穿透式监管应对跨界生态，推动市场主体各归其位，切实保障投资者权益，促进金融科技跨界生态良性发展。

国内外学者的研究成果都为推进小额信贷健康发展提供了丰富的理论基础，对我国小额贷款公司都有重要的借鉴意义。近年来，国内专家学者对小额信贷问题的研究不断深入，但已有文献大多停留在对国外经验的总结上，缺乏对国外小额信贷发展演变模式在中国的可行性分析。小额信贷作为一种新的制度被移植到中国，必须结合我国小额贷款公司实际情境进行研究，而国内这方面的研究尚处于起步阶段，且偏向于从某个角度进行研究，因此结合我国小额贷款公司实际，进行全面综合的研究，具有现实的意义。

　　同时，绝大多数的国内外文献偏重缺乏实证的描述性论证或缺乏充足数据的经验性研究，早期的小额贷款领域研究缺乏做细致的实证分析所需要的数据，后续的一些研究开始在一些特定主题和维度上开展较为深入的实证分析（Meehan，2004）。针对小额贷款公司商业化持续发展机制的研究和案例更多地集中在整个行业发展的框架内，且缺乏统一有效的评价指标。结合当前我国发展微型金融的需要，我国小额信贷公司发展机制方面的研究亟待突破，加强对小额信贷机构发展中的路径选择进行实证研究，会使成熟的金融原理在小额信贷的实践中更具可操作性。

第三章

小额贷款公司发展现状和问题

——基于浙江的数据

第一节　我国小额贷款公司试点体现的制度设计原则

中国银监会和中国人民银行在 2008 年 5 月联合发布的《关于小额贷款试点的指导意见》（简称 "23 号文"）将小额贷款公司性质界定为 "自然人、企业法人与其他社会组织投资设立的，不吸收公众存款，主要经营小额贷款业务的有限责任公司或有限公司"。按照金融管理部门的解释[①]，小额贷款公司的设计有如下特点。

一、小额贷款公司向民营资本开放的制度设计

"23 号文" 关于小额贷款公司的界定实际上在我国传统信贷市场上为民营资本投资打开了一条制度通道。这正是小额贷款公司试点以来引起社会各界包括民营资本和地方政府广泛关注并积极响应的根本原因。而这一制度安排的初衷包括两个方面：

第一，我国现有的金融机构普遍面临严重的治理问题，机构在保持资产质量和业务灵活性之间难以两全，当前者成为政策的优先目标时，机构必然会大范围收紧信贷审批权，从而抛弃小额信贷客户的资金需求。这正是近年来我国金融改革的实际情况。近年来，以注资重组和向上集中组织管理权力为手段，

---

① 杨骏 . 我国小额贷款公司的试点和发展 [M]. 北京：中国人民银行金融研究所，2010.

我国涉农金融机构的不良率持续下降。[①] 从贷款覆盖面角度看，虽然央行和各级财政部门为促进金融支农投入了大量资金，主要用于涉农金融机构补贴，但从金融机构和客户关系这一末端市场环节的供需状况看，"三农"经济主体和小微企业总体上仍然面临严重的信贷配给问题，弱势市场主体的信贷需求仍难以满足。

第二，在正规金融"支农支小"乏力的同时，我国民间融资极为发达且极具发展潜力。根据国家统计局农业调查队的调查数据，农户从正规金融渠道得到的贷款占全部贷款的比重不到1/3（周小川，2004），而姚耀军和和丕禅（2004）认为中国农民使用的来自非正规金融市场的贷款大约是来自正规金融市场贷款的4倍。

在正规金融与民间金融此消彼长的关系中，正规金融面向低端客户时的僵化和低效、与民间资本满足草根金融需求的灵活和高效，形成了鲜明对比。允许民间资本投资设立小额贷款公司，可为以传统低效的正规金融为主体的金融市场注入新的活力，在更好地满足低端客户信贷需求的同时，也为民间资本的阳光化发展走出一条正道。

二、小额贷款公司坚持"只贷不存"

为什么小额贷款公司试点坚持"只贷不存"原则呢？这里存在一些疑问和争论，从国外的小额贷款机构实践看，都是它们"可存可贷"的。根据制度设计安排分析，这可能既与我国广泛覆盖的金融机构体系有关，又与基于政策风险和政策收益的权衡有关。

第一，我国正规金融体系的机构设置已经实现"广覆盖"要求，在满足储蓄需求方面表现出色。据中国人民银行和国家统计局调查，平均而言，农户距离最近的金融机构网点仅为4.69公里，95.3% 的农户到金融机构的道路都可以通

[①] 农村信用社经过改革，按四级分类的不良贷款余额和不良贷款率分别较2002年的5000多亿元和接近40%的占比下降到2009年的3400亿元和7%的占比；而按五级分类的不良贷款余额和不良贷款率到2009年末为5077亿元和11%。

车。林毅夫（1989）指出，在实施战略超越背景下，改革开放前的农村金融机构只是动员农村储蓄以提供工业化资金的一个渠道，而农户与这一体系的联系只是充当金融机构的存款者。张杰（2005）进一步指出，由于国家需要以金融剩余形式对农村经济剩余进行切割和转移，才有了这一时期"国家金融机构在农村的迅速扩张"。这解释了农村金融机构设置"广覆盖"的制度根源。实际上，农村地区不缺储蓄设施，这使小额贷款公司发展储蓄服务有了政策上的必要性。

第二，从政策风险和政策收益的比较中，可以更好地理解"只贷不存"的制度设计。一般而言，机构吸收公众存款，其风险在于公众进而在于政府（政府往往需要在危机时促使公众存款）；而机构发放贷款，其风险在于机构与公众的关系，和政府无关。所以，小额贷款公司放贷，政策收益大而风险小；若允许其吸储，则政策收益小而风险大。所以，政策上选择"只贷不存"是合乎逻辑的。

三、监管权责下放至省级地方政府

按"23号文"的有关规定，一个地方政府能否开展试点的前提，是其是否能够明确一个主管部门并承担风险处置责任。这种以"准予试点资格"换取地方政府监管承诺的"互相承诺"机制，可看作中国金融监管制度向下分权，从而引入分层监管制度的重大尝试。林毅夫（2008）对此给予高度评价，认为这"实现了三个革命性突破，代表了农村金融监管的新趋势。首先，就是首次引进了分层监管，允许省级机构（如金融办）对小额贷款公司进行监管"，"这是中国金融监管制度的重大变革，分层监管的意义在于鼓励监管创新和多样化，有利于监管竞争和金融创新"。

反过来说，中央集权式监管往往由于监管部门责任过于集中而导致监管过严，市场开放步伐过于缓慢，金融创新较差，从而市场效率也就必然较低。这从中国银监会2007年开始试点的村镇银行等三类农村金融机构上，面对基层监管力量不足时必然持有的极端谨慎态度和立场的案例上再次得到印证。从小额贷款公司开始的分层监管理念和实践，已经并可能继续对有关政策产生重大影响。部分地方政府金融办已经在试点中得以扩编，实力有所增强。

第二节　浙江小额贷款公司发展现状分析

截至 2021 年底，根据中国人民银行的统计数据，全国小额贷款公司分地区情况统计如表 3-1 所示。截至 2021 年 12 月 31 日，全国共有小额贷款公司 6841 家，从业人员 69039 人，实收资本 7800.80 亿元，贷款余额 8653.15 亿元。具体来看，各省区市的小额贷款公司数量与规模存在较大差异，地区发展不均衡，这与各地区的经济发达程度及小额贷款公司成立时间长短密切相关。从规模来看，江苏、广东、浙江、山东、福建、上海等沿海发达地区的贷款余额占据绝对优势，6 省市贷款余额合计占了全国总贷款余额的 35.11%。

表 3-1　全国小额贷款公司分地区情况统计

地区	机构数量 / 家	从业人员数 / 人	实收资本 / 亿元	贷款余额 / 亿元
全国	6841	69039	7800.80	8653.15
北京市	105	914	140.65	131.88
天津市	78	1309	99.14	110.80
河北省	382	3754	220.62	215.12
山西省	237	2120	159.94	146.02
内蒙古自治区	247	2042	186.45	182.04
辽宁省	454	3179	319.08	280.08
吉林省	183	1469	80.02	64.34
黑龙江省	212	1293	118.92	96.35
上海市	125	1262	220.70	226.53
江苏省	564	720	683.79	764.22
浙江省	304	2793	505.39	556.79
安徽省	351	3504	340.36	418.24
福建省	118	1125	261.76	282.54

续表

地区	机构数量／家	从业人员数／人	实收资本／亿元	贷款余额／亿元
江西省	154	1670	187.19	184.44
山东省	287	2894	400.65	446.30
河南省	220	2434	200.34	220.11
湖北省	269	2406	297.72	286.74
湖南省	85	739	67.82	71.66
广东省	433	6770	759.89	762.52
广西壮族自治区	295	2960	247.54	322.04
海南省	55	711	70.29	83.85
重庆市	255	4360	1088.09	1620.34
四川省	203	4039	384.62	435.96
贵州省	109	1012	41.32	41.83
云南省	182	1448	88.52	86.34
西藏自治区	19	126	19.91	13.28
陕西省	256	2275	234.59	240.71
甘肃省	270	2559	144.94	123.85
青海省	57	475	32.86	36.91
宁夏回族自治区	69	1024	29.33	26.14
新疆维吾尔自治区	263	1653	168.38 3	175.1

注：①由于批准设立与正式营业并具备报数条件之间存在时滞，统计口径小额贷款公司数量与各地公布的小额贷款公司批准设立数量有差别；

②资料来源：中国人民银行网站：http://www.pbc.gov.cn/goutongjiaoliu/113456/113469/4462244/index.html。

2021年底，浙江省有小额贷款公司304家，在全国处于中等水平；贷款余额556.79亿元，在全国排名第四位，处于头部水平。浙江小额贷款公司以地方性小贷为主，面向当地企业和个人用户开展业务，在行业"洗牌"的大背景下，部分平台业绩仍实现了正增长，说明相关机构找准了自身定位，走上了差异化发展的新路子。从综合情况看，浙江省小额贷款公司运行情况良好，自身绩效与社会效应显著，业务经营合法合理，管理水平不断完善，风险防范责任落实到位，总体发展呈现以下特点。

一、浙江省小额贷款公司的机构数量和贷款规模居全国前列

自 2008 年小额信贷体系正式进入浙江省试点至 2021 年底，在这 14 年的发展历程中，已为无数中小企业、"三农"、个人进行贷款，促进了农村资金来源渠道的多样化，改善了农村金融服务，有效缓解了小型资本自身资金不足等问题，弥补了过去农村金融和银行对农业及中小企业贷款支持欠缺的漏洞，为浙江省经济发展做出了巨大贡献。2010—2014 年，浙江省小额贷款公司高速发展，无论是公司数量、从业人员数量、实收资本还是贷款余额，其复合增长率均已超过 20%。但从 2015 年开始，浙江省小额贷款指标整体已呈现负增长态势，至 2015 年末，浙江省小额贷款公司共有 336 家，同比减少 1.18%，小额贷款公司从业人员数量为 3915 人，同比减少 5.14%，实收资本为 660.84 亿元，同比减少 6.79%，贷款余额为 791.63 亿元，同比减少 13.07%，而到了 2020 年和 2021 年末，浙江省小额信贷指标逐步进入了平稳发展阶段，小额贷款公司分别为 307 家和 304 家，小额贷款公司从业人员数量为 2836 人和 2793 人，实收资本为 512 亿元和 505.39 亿元，贷款余额为 557.33 亿元和 556.79 亿元。

从表 3-1 中还可见，相比其他省区市，浙江小额贷款公司的总数量排名并不突出，但总实收资本和平均资金规模都排名全国前列，反映出浙江小额贷款公司较高的经营能力和运行效率及浙江市场需求的旺盛。从这个基本面可以肯定，小额贷款公司在浙江省经过初创期的数量和规模不断扩大后，逐步进入了一个不断规范而后稳定发展的阶段，市场需求企稳增加，总体上对缓解浙江省三农和小微企业资金难问题作用明显。

二、"支农支小"特点明显

根据浙江省服务于"三农""两创"的宗旨，省内各家小额贷款公司立足于服务当地小企业、农业企业和个体工商户，坚持"小机构、小贷款、小客户"即

"三小"的市场定位，因地制宜地为当地"三农"和小微企业提供更贴心的服务，起到了农村金融市场拾遗补阙作用。试点 14 年中，浙江全省小贷公司在省地方金融监管局的关心和支持下，从无到有、从小到大，始终坚持小额分散的经营取向，始终坚持服务小微企业和"三农"，积极践行普惠金融。"支农支小"累计放款超 1.8 万亿元，占比超 85%，累计上缴税收近 190 亿元，实现经济效益和社会效益双丰收。

"支农支小"特点明显，这也正与小额贷款公司的设立时要求"开正道、补急需、促就业"的初衷相吻合。由于浙江省小额贷款公司管理中，将"支农支小"作为重要的发展原则，同时，对公司贷款种养殖业及 100 万元以下贷款有指标要求，每年都作为考核的重要指标，因此，公司在发放贷款中，基本上以农民、个体经营户为主。2011—2014 年期间，全年种养殖业及 100 万元以下贷款余额占当年累计发放贷款比例基本维持在 55%～60%，2015 年以后占比呈现上升的趋势，基本保持在 2/3 附近；种养殖业及 100 万元以下贷款笔数在 2014 年下降较快后也逐步回升，基本达到了小额贷款公司设立之初为农村小微经济体提供金融支持的目的。

三、效益良好，风险控制总体可控

由于小额贷款公司的服务对象主要是农户、个体工商户和小微企业等金融服务弱势群体，缺乏有效抵押物，这就决定了其经营具有较高风险的特征。但就效益来说，基于浙江省经济位于全国前列的现状，浙江省小额贷款公司的利润总额一直较高，在全国处于前三位。2011 年以来，浙江省小额贷款公司的收入与经济发展环境呈现较强的相关性。在 2011—2013 年，其收入及利润明显上升，2013 年全省小额贷款公司营业总收入达到历史最高的 140.81 亿元，上缴营业税和所得税 28.83 亿元，实现净利润 71.16 亿元。之后因为经济形势波动及后来疫情的影响，收入也呈现初期快速下降，而后缓慢下降波动的趋势。2010 年以来，户均贷款余额基本稳定在 2.5 亿元到 3.1 亿元，表明风险（坏账率）比较稳定。不可否认小额贷款公司的作用不小，它既支持了小微"三农"，又增加了地方税收，股东也得到了合理的回报，实现了三者利益的有机统一。

四、小额贷款公司利率上浮率呈现下降趋势

小额贷款公司的利润率受其放贷利率水平、融资成本和资金利用率的影响。自试点工作开展以来，大部分公司的贷款利率一直在高位运行。2011 年、2012 年和 2014 年，以及 2015 年至 2022 年，国家公布的一年期贷款基准利率分别为 6.56%、6.00%、5.60% 和 4.35%。商业银行也有小额信贷业务，但在实际办理中，银行最后放贷的利率可能会有很大差异。小额贷款公司在发展初期，由于可放贷资金规模较小、而客户需求多，利率一直贴着贷款基准利率的 4 倍的边界；但随着公司数量和可放贷资金规模的逐步增加，同时也受到宏观经济下行、人民银行不断下调存贷款利率及市场资金充裕等因素影响，利率水平总体呈现下降趋势，虽仍高于同期银行贷款的综合成本，但与初期的高利率相比，利率上浮率明显缩小，这也反映了随着小额贷款公司的不断发展，其普惠性金融服务小微弱势群体的特点逐步得到了体现。

五、金融创新的有益探索

设立小额贷款公司本身就是对普惠型融资方式的一种有益的创新，小额贷款公司设立的主要目的是为"三农"和小微企业服务，这两者的经济规模可占浙江省 GDP 的七成左右，但相应的资金需求不能得到有效满足，而同时浙江省民间资本相当充裕、民间借贷非常活跃，小额贷款公司的设立能将一些原先并不规范的民间借贷纳入正规的渠道，不仅能有效降低民间借贷的纠纷，也能对平抑高企的民间借贷利率起到较好的作用。小额贷款公司本着"小额、分散"的放贷原则，成为金融市场的重要补充和润滑剂，特别是在改善农村金融环境、缓解中小微企业融资困难、扶持区域经济发展等方面起到了重要的作用。同时相关政策还鼓励小额贷款公司在业务操作上不断创新，如回购式资产转让、资产证券化等，使小额贷款公司成为浙江省金融创新的试验田和成功示范地之一。

六、创造社会价值，树立正面形象

在民营资本的积极主导下，小额贷款公司在扶贫、助创、就业、助学与纳税等环节积极履行社会责任，促进经济社会和谐发展，外在效益明显。浙江省小额贷款公司自成立以来严格遵守基准利率 4 倍的上限，并使整个民间借贷利率呈现下行趋势，如前几年的温州地区民间借贷年化利率在 12%～18%，而之后随着国家基准贷款利率水平的下降，其下降同样明显，甚至已低于印度、孟加拉国等国小额贷款公司的贷款最低利率水平（见表 3-2），并且还对"三农"、社会弱势群体采取优惠利率或利率补贴政策。与此同时，小额贷款公司也为当地政府创造了不错的经济效益，公司股东基本能取得年均 10%～12% 的资金回报率，浙江省小额贷款公司均能履行纳税业务，服务地方经济发展。小额贷款中地方经济的贡献率和户均税收都呈现快速增长，有力改变了社会原先对于小额贷款公司"合法化高利贷"的误解。[①] 与此同时，小额贷款公司一方面通过提供便利的专业金融服务，在客户中树立了良好的口碑；另一方面也注重企业形象的塑造，基本将办公地点选择在交通便利、人员流动密集的闹市，通过专业的标识形象、产品形象、组织各类公益活动进行企业文化的有形展示，并选择当地影响力较大的报纸、电话、杂志和广告牌等途径扩大自身的影响力，树立规范经营、专业领先的公司形象，为自身未来进一步发展积累宝贵的社会资本与品牌资产。

表 3-2　若干国家小额信贷的实际利率

国家	孟加拉国	印尼	玻利维亚	菲律宾	乌干达	波黑
实际利率	20%	22.5%	50%	42.8%	87%	22%～25%

数据来源：根据国际移民政策发展中心报告（ICMPD，1999）、Gibons & Meehan（2005）及焦瑾璞、杨骏撰写的《小额信贷与农村金融》等文献中披露数据整理而成。

[①] 据不完全统计，浙江省半数以上的小额贷款公司都以免息、低息的方式发放大学生助学贷款。舟山汇润小额贷款公司为低保户提供创业资金，支持其投资远洋捕捞，解决就业问题，实现脱贫。温州、绍兴等地的小额贷款公司还推出失业人员创业贷款、残疾人员自立贷款、公益贷款等业务品种，积极帮助大学毕业生、退伍军人、下岗失业人员及失地农民创业脱困，赢得了社会的广泛认同。

第三节　新形势下浙江省小额贷款公司发展中的问题分析

经过 14 年多的发展实践，浙江省小额贷款公司整体经营情况良好，"支农支小"效果明显，已获得了较好的经济效益和社会效益。浙江省小额贷款公司展现了商业化小额贷款运作的灵活性和适应性，成为改善县域地区金融服务、增加中小企业和"三农"贷款供给的重要平台。特别地，浙江省小额贷款公司为有效吸纳民间投资热钱，引导过剩社会产业资本合理有序分流到正规化金融体系提供了通道。

几年来，多数小额贷款公司已经经过了资本集聚、市场定位、业务模式的探索阶段，开始考虑更为长远、更为稳健和更为科学的发展模式，其所面临的问题也开始由"如何站稳"进阶到"如何走得更好"。为了深入了解小额贷款公司试点过程中发生的问题和遇到的困难，笔者对浙江省小额贷款公司运行情况展开调研，其主要矛盾和问题体现在以下六个方面。

一、受市场和经济周期影响，发展波动大

从 2008 年正式起步，到 2010 年爆发式增长，再到 2015 年进入黄金发展期，小额贷款公司的高速发展主要得益于宽松的货币政策和国民经济的快速增长。2008 年席卷全球的金融危机重创了各国经济，为了尽快走出经济困局，我国推出了 4 万亿元经济复苏计划；2010—2015 年，我国每年的 GDP 增速始终保持在 7% 以上，快速的经济增长带来了旺盛的资金需求。充裕的货币流动性，给小额贷款公司带来了充沛的资金供给，这些有利的市场因素掩盖了小额贷款公司在信贷资金流向、客户选择等环节上的问题，小额贷款公司一味地追逐高回报、快周转的快餐项目，忽视了自身的业务创新和经营改善。随着 2015 年后我国经济的结构性调整，货币政策转向稳健，金融监管趋严，GDP 增速放缓，小额贷款公司经营上的短板逐渐暴露出来，再加上我国农村金融市场改革的不断深化，金融覆盖率越来越高，金融竞争性越来越强，村镇银行、农村信用社、邮储银行等银行类金融机构对小额贷款公司的业务造成挤压，小额贷款公司的

经营日益困难。特别是 2020 年以来，受新冠疫情影响，企业开工不足，资金需求不旺，小额贷款公司开展业务困难，新客户开发难度增加，老客户经济效益下滑，还款能力减弱，贷款违约率不断上升，小额贷款公司经营低迷。因此，小额贷款公司受市场和经济周期波动影响过大，还未形成自身稳定发展的内在动力。

二、小额贷款业务同质化趋势和核心业务特点不突出

在小额贷款公司试点初期，《关于小额贷款公司试点实施指导意见》明文规定了"小额、分散的原则，为农户和微型企业提供信贷服务的市场定位"，同时还规定"同一借款人的贷款余额不得超过小额贷款公司资本净额的 5%"。因此，"支农支小"是对小额贷款公司的基本要求和定位，是小额贷款公司的立身之本，做大贷款不是设立小额贷款公司的本意。小额贷款公司设立初期往往发展势头较好，利率高，周转快，导致一些公司更愿意"偷懒"，将贷款放给一些中小企业，在经营上简单复制商业银行的模式，现有的运营模式有可能会使小额贷款公司逐渐走向商业银行或农村信用社的运营模式，与银行对中小微企业的服务同质化，不能全面发挥扶贫和支持"三农"的功能，不能深入把握小额贷款公司业务的核心特点。将小额贷款公司做成小银行或全能性金融公司，做大额贷款的冲动就会增强，难以与成立小额贷款公司的初衷一致。小额贷款公司需要重视自身品牌建设，形成自己特有的信贷文化与发展战略，避免在经营过程中急功近利，要注重利用小额贷款技术，从而达到可持续的经营发展。

三、融资能力弱，税费与经营成本难降低

对比正规渠道的借贷供求关系，一边是浙江民间资金雄厚，左冲右突寻找投资机会，而另一边是资金普遍叫"渴"的中小企业，小额贷款公司无疑能引领大量处于金融业灰色地带的民间资本进入正规金融融资领域。然而无论是已有小额贷款机构增资扩股，还是新增机构资本进入，相对于传说中的上万亿元的巨额民间资本，借道小额贷款公司的投资资本比例并不大。资金渠道瓶颈导致

小额贷款公司资金不足。按照小额贷款公司试点管理办法规定，小额贷款公司只贷不存，主要资金来源是股东出资和向银行类金融机构融入资金。小额贷款公司可按其资本净额的 50% 向不超过 2 家金融机构融资。从表面上看，小额贷款公司融资困局的原因可能是融资途径单一影响其业务发展，但从实际情况来看，目前全国小额贷款公司从银行融资并未用足这一比例，而且部分地方监管部门已将小贷公司外部融资比例上限放开至资本净额的 1～2 倍。小额贷款公司融资难的根本原因在于其经营不稳定，信息不透明，导致银行惜贷，它们即使能够获得融资，资金成本也比较高。除了银行融资方式之外，小额贷款公司还需要探索其他一些融资渠道来解决融资能力弱的问题。

从 2008 年小额贷款公司试点至今，小额贷款公司一直被定义为经营贷款业务的普通工商企业，虽然其经营的贷款业务具有金融属性，但仍需按照普通工商企业进行纳税，导致小额贷款公司的税收成本居高不下，利润降低。这导致主要靠资本运作、仅靠放贷获利的小额贷款公司税收负担相对过重，再扣除管理成本、营业费用后几乎无利可图。小额贷款此类经营费用分摊到单位贷款后与其他货币经营机构比较往往偏高，而且通常难以降低。这直接对小额贷款公司的盈利产生了压力，既影响了小额贷款公司对"三农"和中小微企业的支持效果，也降低了小额贷款公司对潜在民间资本的吸引力。

按照 2008 年《关于小额贷款公司试点的指导意见》规定，小额贷款公司按照市场化原则进行经营，贷款利率不得超过同期同档央行基准利率的 4 倍。2020 年 8 月 20 日，最高人民法院发布关于修改《关于审理民间借贷案件适用法律若干问题的规定》，民间借贷利率最高保护上限不超过一年期贷款市场报价利率（LPR）的 4 倍，小额贷款公司贷款利率上限大幅下降，这对于长期通过高贷款利率覆盖其高业务风险和高业务成本经营的小额贷款公司来说，影响深远，最终必将影响小贷公司发展的可持续性和健康性。

四、"支农支小"力度还需加强，自我约束和团队素质有待提高

一是贷款投向还不尽合理。按照小额贷款公司创新意图，"支农支小"是

小额贷款公司重要的贷款方向。浙江省部分小额贷款公司受到房地产高额利润的驱使，将本身有限的资金过多地投向了房地产公司，这与小额贷款公司服务"三农"和小微企业的使命不太相符。二是存在收费的嫌疑。目前小额贷款公司可以开展小额信贷业务，也可以开展咨询业务。正常情况下，小额信贷业务应当是小额贷款公司的主要业务。但是部分小额贷款公司的咨询业务收入比重偏高，存在以手续费之名变相收取利息的嫌疑。三是尚未形成切合自身发展状况的规章制度。目前小额贷款公司的各项规章制度主要是复制商业银行的传统做法，包含贷款管理制度、人事管理制度、劳动纪律制度等，自身独特的相关管理办法和管理流程尚需进一步制度化和完善。

人才是推动企业实现可持续发展的不竭动力，锤炼企业特色文化，更是提升企业品牌价值的有效途径。总体而言，浙江省 250 家小额贷款公司的高管层业务素质高，技能良好，但从全行业从业人员分析，经营团队和从业人员素质仍然有待提高：一是人力资源配套不足，许多从业人员缺乏正规培训。由于近年公司数量增长较快，一些县区公司数量达 3 家以上，有的县区甚至达到 6 家，很难寻找合适的金融专业人员担任公司的高管，相关业务人员也比较缺乏。同时，一些新录用的从业人员缺乏对经济形势发展变化、政策取向、产业前景敏感性和前瞻性的认知，缺乏专业的风险分析掌控能力。二是高层团队流动性大，缺乏长期发展规划。已有若干家公司的高管发生变动，他们有些是对小额贷款未来发展方向不确定而离职，有些是作为公司股东不懂金融操作却擅自干扰公司正常业务而离职，有些是因为业务中逾期贷款较多，心理压力大而离职，还有一些公司决策层与管理层经营理念存在分歧，经营管理不善。高层的频繁变动，不仅难以对公司的长期发展进行有效规划，也容易产生较大的风险隐患。三是缺乏企业文化的培养。目前除了部分小贷公司重视公司"软实力"培育，充分发挥企业文化塑造人、凝聚人的理念，多数小额贷款公司尚未认识到培养企业文化的重要性，未将其提上议事日程，这将很大程度上制约公司的发展潜力。

五、完善内控机制，加强风险控制

虽然总体上浙江省不良贷款比率不高，但这只是得益于行业整体运营时间尚短、问题累积有限。实际上浙江省小额贷款公司风险控制能力还较弱。比较紧迫的问题有二：一是尚未形成有效的风险评估指标体系。早在《关于促进小额贷款公司健康发展若干意见》中就已提出，"要尽快开通征信系统，抓紧解决小额贷款公司接入人民银行征信系统通道技术和身份认证问题"，但至今，小额贷款公司仍没有纳入该系统，客户信用评估主要依靠走访、面谈等人工方式，风险控制更多依赖传统经验、地缘和人缘关系，在客户数量扩张下必然会加大信息不对称程度，这既增加了信贷风险，也加大了放贷成本。对风险控制能力不足直接导致小额贷款公司不良贷款率的提高。二是拨备制度执行不到位。虽然绝大多数小额贷款公司建立了相应的拨备制度，并计提足额拨备，但在拨备制度执行上存在问题。部分小额贷款公司只是在名义上或会计做账上对不良贷款计提了相应的拨备，但拨备金经常被用来放贷，导致实际拨备金低于不良贷款余额，增加了小额贷款公司的潜在风险隐患。

国外经验表明，如果没有相对完善的内控机制，小额信贷机构的风险将比商业银行更高。这是因为：（1）小额信贷机构资产组合的稳定性比传统银行差，短期内资产质量可能出现恶化，农户小额贷款的投向大都集中于同一产品或同一项目，导致区域和行业高度集中，信用风险不易被有效分散；（2）小额信贷机构的放贷成本较传统银行高，如出现相同程度的贷款损失，小额贷款公司的资产水平下降得更快，资本脆弱性强；（3）小额贷款公司的发展历史较短，经营者和监管者控制小额信贷风险的经验还不足。

六、外部环境复杂多变，发展前景有待明确

面对复杂严峻的世界经济形势，中国经济因世界经济和周边环境变化、经济社会发展的内在矛盾而面临诸多挑战，经济增速放缓已是我们不得不面对的现实。这意味着充满变化、严峻复杂的世界经济形势，亟待转型的国内经济都

给小额贷款公司的可持续发展提出了严峻挑战。

2009 年 6 月，银监会在下发的《小额贷款公司改制设立村镇银行暂行规定》中明确提出，符合条件的小额贷款公司可以转制为村镇银行，这给若干具有事业雄心的小额贷款公司及其股东们带来了颇具吸引力的发展远景。而实际上，浙江省甚至全国至今没有一家小额贷款公司转制为村镇银行的成功案例。仔细研究这个暂行规定，对比《小额贷款公司改制设立村镇银行暂行规定》和《村镇银行管理暂行规定》两份文件，小贷公司改制为村镇银行的条件在许多方面高于投资者直接申请设立村镇银行的条件。这种看似正向的引导实际上反向封堵了小额贷款公司改制为村镇银行的道路。可以发现小额贷款公司转型的路径并不平坦，主要体现为两个方面：一是转制门槛高。规定中明确小额贷款公司最近四个季度末涉农贷款余额占全部贷款余额比例不得低于 60%。就浙江省而言，其本身的经济特点决定了纯农业经济在当地农村的 GDP 比重较小，小额贷款公司因此普遍较难达到这个标准；二是股权结构与公司治理问题。根据《村镇银行管理暂行规定》，村镇银行必须由银行业金融机构控股或者全面经营。而目前小额贷款公司的资金主要来自民间资本，这就意味着要转村镇银行，原先的股东就需要放弃或出让控制权或全部股份，这成为小额贷款公司无法选择转制的关键因素。那么，小额贷款公司难道只有升级成银行才算成功吗？如若不然，那存在其他的升级方向和发展前途吗？

小额贷款公司经过十多年的快速发展，处于一个相对快速的成长期，需要有稳定的外部环境保障其持续发展。在当前的经济形势下，小额贷款公司的发展已经不能完全局限于县域经济的单轨运行，而必须综合分析世界经济局势，及早制定长远、合理的业务发展目标，而在具体执行当中，更需要根据现实经济的发展情况及时应变，实现在转型中寻找机遇、在变化中寻求发展，确保自身的安全稳健运行。

第四章

小额贷款公司持续健康发展的关键影响因素分析和检验
——基于浙江小额贷款公司的调研

第一节　小额贷款公司可持续发展关键影响因素的研究假设

在实地调查访问、问卷的试发放及分析的基础上，本书就以下三方面提出研究假设。

一、财务因素

近年来浙江省小额贷款公司总体发展情况良好，但也有一些小额贷款公司发展陷入困境，财务状况是公司营运情况最直接的表现。因此，本书提出假设1：

财务状况是小额贷款公司可持续发展的重要影响因素之一。

本书从以下五个方面来衡量财务因素，分别是：流动资产占有率、资产负债比率、资金的周转率、股东权益占比、贷款损失率。

二、运营因素

小额贷款公司这种非传统金融机构在实际商业经营中存在更多的风险，如自然风险、交易风险、操作风险等。因此，本书提出假设2：

运营状况是小额贷款公司可持续发展的重要影响因素之一。运营状况主要体现在：设立贷款期限的灵活程度、对贷款金额的限制、贷款利率灵活性、审批速度、要求担保方式的强度、硬件配备的优势、技术水平的优势和员工的职业素养。

三、政策法律因素

政府支持性的政策和相关制度的出台对小额贷款公司关系重大，在金融试点的文件中明确小额贷款公司的定位，对小额贷款公司的资金来源、放贷、收贷及其他主要操作业务做出法律规范，把小额贷款公司的性质、市场准入、服务对象及监管等问题以法律的形式确定下来，这些都促进了小额贷款公司健康有序的发展。因此，本书提出假设3：

政策状况是小额贷款公司可持续发展的重要影响因素之一，具体包含：国家放宽利率政策上限、税收优惠政策、国家放宽存款限制、政府公益性担保政策和国家的补助政策。

第二节　调查问卷的设计、发放和回收

本书的问卷设计，主要是围绕小额贷款公司可持续发展的影响因素和小额贷款公司绩效判断的相关研究内容设置的，要求问卷内容能为各部分研究内容提供所需的有效数据。围绕各部分研究的研究目的和研究内容，本书所设计的调查问卷包括了五个方面的基本内容（详见附录E）：

（1）小额贷款公司的基本信息。

（2）小额贷款公司的贷款情况。

（3）关于小额贷款公司可持续发展的影响因素判断。

（4）关于小额贷款公司的绩效因素判断。

（5）小额贷款公司对于发展的展望。

本书所使用的问卷是在参考前人大量文献研究成果、小额信贷项目访谈结果，以及国内外一些较为成功的调查问卷设计的基础上逐步形成的。

首先，通过相关文献归纳出小额贷款公司可持续发展的所有影响因素维度，以及小额贷款公司绩效评价指标，形成初步的调查思路。

其次，选取浙江共5家样本公司进行实地调研访谈。验证初步研究思路，并征询被访谈者对本书重要问题的意见，包括研究模型的表面有效性及各变量的测度，以充实完善调查问卷。

再次，征求相关职能部门监管者、银行和专业从业人员的意见，修正和完善调查问卷。

最后，对修改后的调查问卷进行预测试，选择浙江杭州、温州共20家公司进行测试，调查对象为小额贷款公司的股东、高层经理和财务部人员等。根据被测试者的反馈和建议，对一些题项的表述方式和语言进行修改，在此基础上形成了最终的调查问卷（见附录E）。

本书采用实地发放调查问卷的方式收集数据。调查问卷的发放时间是2012年7月10日，截止时间为2012年9月30日。参与问卷发放工作的人员共35人，根据实际情况分为3组，分别有13人、14人和8人，在杭州、温州和浙江其他地区进行问卷发放。此次调查总共发放问卷150份，收回有效问卷73份，问卷回收率为48.7%。问卷回收后，剔除问卷的准则是：剔除问卷填写缺漏多于5个选项者。剔除掉无效问卷后，得到有效问卷65份，有效问卷回收率为43.3%。问卷的关键部分采用了李克特量表的5分制方法。下面是对整个问卷中各部分的基本描述、可靠性分析和因子分析。

第三节　描述性统计

截至2021年末，浙江省新型小额贷款公司从最初的10家发展到304家，实收资本为505.39亿元，贷款余额为556.79亿元，从业人员2793人。另外，据浙江小额贷款公司协会统计，至2022年底，"支农支小"累计放款超1.8万亿元，占比超85%，累计上缴税收近190亿元。本书主要统计小额贷款公司的基本情况和贷款情况。基本情况主要包括公司的组织形式、公司的资产规模。贷款情况主要包括贷款利率、贷款期限、资金渠道和担保方式等。

一、调查的小额贷款公司资产规模

根据数据统计结果，本次调查中，被调查的 65 家小额贷款公司的资产规模及其分布状况如图 4-1 所示。

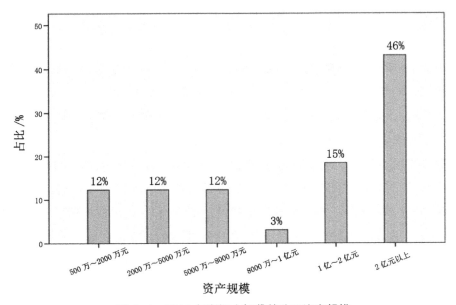

图 4-1　2012 年浙江小额贷款公司资产规模

从图 4-1 中可以看出，在调查的公司中资产规模在 2 亿元以上的公司占近一半（46%），资产规模在 500 万～2000 万元的、2000 万～5000 万元的、5000 万～8000 万元的均占了 12%，8000 万～1 亿元的占 3%，1 亿～2 亿元的占 15%，这说明大部分浙江小额贷款公司的资产规模是比较大的。

二、小额贷款公司的组织形式

如图 4-2 所示，在被调查的 65 家小额贷款公司中，股份有限公司有 39 家，占比为 60%；有限责任公司有 26 家，占比为 40%。

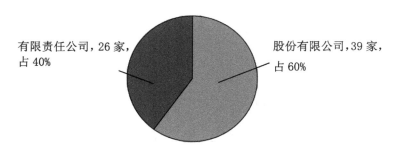

图 4-2　公司的组织形式

如图 4-3 所示，在股份有限公司中，股东人数为 2～10 人的有 14 家，11～30 人的有 24 家，51～200 人的仅 1 家；在有限责任公司中，股东人数为 2～10 人的有 13 家，11～30 人的有 12 家，还有 1 家有 31～50 人。

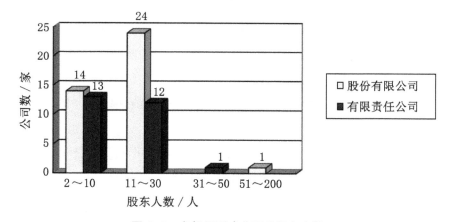

图 4-3　各组织形式公司的股东人数

这表明浙江小额贷款公司的两种组织形式的公司数量相差不大，其中股份有限公司相对较多。而两种组成形式的小额贷款公司股东人数主要集中在 2～30 人左右，相对来说属于中小型企业，小额贷款公司股东人数相对较少，人员结构紧凑。

三、贷款利率和贷款期限

根据问卷调查，可以大致知道 65 家小额贷款公司最低月贷款利率和最高月贷款利率的范围（见图 4-4）。

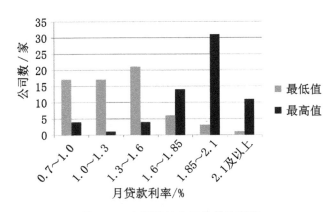

图 4-4 小额贷款公司的贷款利率

如图 4-4 所示，小额贷款公司的最低月利率主要分布在 1.3%～1.6%，最高月贷款利率分布在 1.85%～2.1%。小额贷款公司按照市场化原则进行经营，贷款利率上限放开，但不得超过司法部门规定的上限（中国人民银行公布的贷款基准利率的 4 倍），下限为人民银行公布的贷款基准利率的 0.9 倍，浙江省小额贷款公司在利率上符合政策要求。

由于小额贷款公司贷款资本成本比银行高，因而小额贷款公司的贷款期限普遍比银行短。根据调查结果，分析如图 4-5 所示，小额贷款公司的贷款期限以半年和 1～3 个月的中短期为主，一般不会超过一年。

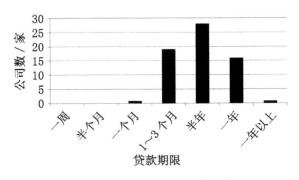

图 4-5 小额贷款公司的贷款期限

四、担保方式

小额贷款公司对于风险控制比较重视，贷款人的担保方式是其决定是否放贷的重要因素。在问卷中按照"很少"赋值1分，"比较少"赋值3分，"半数"赋值5分，"较多"赋值7分，"很多"赋值9分进行打分，按照得分的平均值绘制直方图，见图4-6。从图中可以看到，浙江省大多数小额贷款公司选择抵押与保证为主，由于当债务人不履行债务时，可以以抵押的财产折价或者以拍卖、变卖该财产的价款得到优先受偿，从而较为有力地降低风险；同样的，当借款人无力归还贷款，保证人则按约定履行债务或承担责任，如此可以提高贷款的回收率。

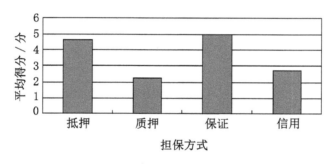

图4-6 小额贷款公司的担保方式

第四节 小额贷款公司可持续发展关键影响因素的维度分析

本书以问卷调查形式来收集资料，对于回收的问卷进行描述性统计、信度与效度、统计学分析等分析工作。以下介绍在影响因素维度和企业绩效维度识别分析阶段利用该软件分别进行的分析方法。

因子分析：主要是研究相关的一组指标中提取公共因子和确定因子个数的一种统计方法。在做因子分析的时候要先确定各变量之间的关系，并做KMO样本测度和巴特利特（Bartlett）球体检验来确定数据是否适宜做因子分析。根据学者Kaiser（1974）的观点，当KMO在0.9以上时，非常适合；KMO在

0.8～0.9 时，很适合；KMO 在 0.7～0.8 时，适合；KMO 在 0.6～0.7 时，不太适合；KMO 在 0.5～0.6 时，很勉强；KMO 在 0.5 以下时，不适合。

一、浙江小额贷款公司可持续发展影响因素的维度分析

表 4-1 为浙江小额贷款公司可持续发展影响因素的变量与具体指标的对应关系，本书根据预定设想，a 类指标只针对财务指标拟定，b 类指标针对内部因素拟定，c 类指标针对外部因素拟定。

表 4-1　变量与指标对应关系

变量	具体指标
a_2	资产负债比率
a_3	资金的周转率
a_4	股东权益占比
a_5	贷款损失率
b_3	贷款利率灵活性
b_4	审批速度
b_6	硬件配备的优势
b_7	技术水平的优势
b_8	员工的职业素养
c_2	税收优惠政策
c_3	国家放宽存款限制
c_4	政府公益性担保政策
c_5	国家的补助政策

由表 4-2 KMO 样本测度和 Bartlett 球体检验结果可以得到，KMO 值为 0.718，大于 0.7，表示变量间有共同因素存在，量表题项适合做因子分析。同时 Bartlett 统计值的显著性概率是 0.000，小于 0.005，也显示出量表题项非常适合进行因子分析。

表 4-2　KMO 样本测度和 Bartlett 球体检验结果

取样足够度的 Kaiser-Meyer-Olkin 度量		0.718
Bartlett 的球体检验	近似卡方	333.607
	自由度	78
	P	0.000

表 4-3 所示为因子分析解释的总方差，其中包括计算得到的相关系数矩阵的初始特征值、提取平方和载入（即方差贡献率）及旋转平方和载入（即累计方差贡献率）。结果表明，由于数据的相关性较强，设计的小额贷款可持续发展影响因素变量的 13 个指标被分为 3 类，即提取了 3 个因子，这与碎石图的结果吻合。这 3 个因子解释了原有 13 个变量总方差的 60.177%。根据因子分析，我们可以识别浙江小额贷款公司可持续发展影响因素的关键维度。

表 4-3　公因子方差分析结果

变量	初始值	提取值
b_4	1.000	0.721
b_7	1.000	0.757
b_6	1.000	0.734
b_8	1.000	0.662
b_3	1.000	0.529
a_2	1.000	0.529
a_5	1.000	0.521
c_2	1.000	0.753
c_3	1.000	0.493
c_4	1.000	0.572
c_5	1.000	0.549
a_4	1.000	0.456
a_3	1.000	0.546

提取方法：主成分分析。

公因子方差分析即共同性分析，表 4-3 为每个变量的初始共同性及以主成分分析法提取主成分后的共同性（最后的共同性）。共同性越低，表示该变量越不适合投入主成分分析之中；共同性越高，表示该变量与其他变量可观测量的共同特质越多，亦即该变量越有影响力。经多次处理，本书保留了 13 个影响指标，具体因子分析的总方差结果见表 4-4。

图 4-4 为碎石图的结果，从图中看出，自第三个因子以后，碎石坡度线甚为平坦，表示无特殊因素值得提取，因而保留 3 个因子较为适宜。

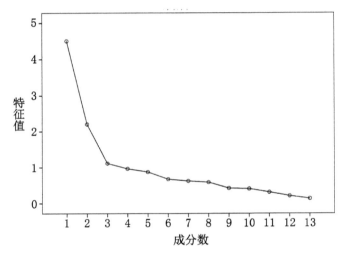

图 4-4　成分特征值碎石图结果

表 4-4　因子分析解释的总方差结果

成分	初始特征值			提取平方和载入			旋转平方和载入		
	合计	方差 / %	累积 / %	合计	方差 / %	累积 / %	合计	方差 / %	累积 / %
1	4.505	34.650	34.650	4.505	34.650	34.650	3.175	24.420	24.420
2	2.203	16.950	51.600	2.203	16.950	51.600	2.799	21.530	45.950
3	1.115	8.577	60.177	1.115	8.577	60.177	1.849	14.227	60.177
4	0.965	7.426	67.603						
5	0.874	6.724	74.328						

成分	初始特征值			提取平方和载入			旋转平方和载入		
	合计	方差 / %	累积 / %	合计	方差 / %	累积 / %	合计	方差 / %	累积 / %
6	0.672	5.167	79.494						
7	0.620	4.768	84.263						
8	0.586	4.506	88.769						
9	0.416	3.203	91.971						
10	0.403	3.097	95.068						
11	0.306	2.351	97.419						
12	0.205	1.575	98.994						
13	0.131	1.006	100.000						

提取方法：主成分分析。

表 4-5 为 13 个变量在 3 个因子的未转轴的因素矩阵，因素矩阵中的数值为各指标在共同因素的因素负荷量，因素负荷量数值越大，则该指标与共同因素间的关联越大。从成分矩阵中可以看出，大部分的指标归属于成分因子 1，少部分归属于成分因子 2，仅一个指标归属于成分因子 3。以下对这 3 个因子进行解释和命名。

表 4-5　成分矩阵

变量	成分		
	1	2	3
b_4	0.832	0.170	0.024
b_8	0.747	0.322	0.003
b_7	0.713	0.312	−0.388
c_5	0.704	−0.220	0.073
b_6	0.697	0.422	−0.267
c_2	0.680	−0.379	0.382
b_3	0.644	0.239	0.241
c_3	0.578	−0.247	0.312

续表

变量	成分		
	1	2	3
c_4	0.550	−0.469	0.223
a_5	−0.060	0.718	0.040
a_2	0.010	0.661	0.304
a_4	0.235	−0.530	−0.346
a_3	0.439	−0.178	−0.567

注：①提取方法：主成分分析。

②已提取了 3 个成分。

表 4-6 根据问卷调查的内容和李克特量表的统计方法，得出影响小额贷款公司可持续发展的影响因素变量的相应指标，并进行了因子分析的旋转成分矩阵。b_7、b_6、b_8、b_4 为成分 1，共同因素 1 的构念名为"运营技术"；c_2、c_4、c_3、c_5、b_3 为成分 2，共同因素 2 的构念名为"外部环境"；a_2、a_4、a_5、a_3 为成分 3，共同因素 3 的构念名为"财务状况"。在 13 个指标中，仅指标 b_3 与本书的原构念不符合，并不属于运营技术因子，而是外部环境因子。

表 4-6　Kaiser 标准化后旋转成分矩阵

变量	成分		
	1	2	3
b_7	0.861	0.113	0.057
b_6	0.839	0.137	−0.104
b_8	0.696	0.381	−0.179
b_4	0.677	0.509	−0.061
c_2	0.133	0.844	0.150
c_4	0.074	0.690	0.302
c_3	0.155	0.681	0.075
c_5	0.378	0.603	0.209
b_3	0.464	0.494	−0.264
a_2	0.165	−0.051	−0.707

续表

变量	成分		
	1	2	3
a_4	0.097	0.139	0.654
a_5	0.270	−0.288	−0.604
a_3	0.520	0.001	0.525

注：①提取方法：主成分分析。

②旋转法：具有 Kaiser 标准化的正交旋转法。

③旋转在 8 次迭代后收敛。

根据"旋转成分矩阵"所绘制的成分图，绘出了 3 个成分及其包括的各指标（见图 4–5）。

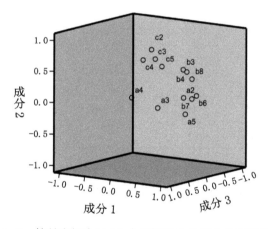

图 4–5　旋转空间中的 13 个指标和 3 个成分的空间分布

二、浙江小额贷款公司可持续发展绩效的维度分析

由表 4–7 KMO 样本测度和 Bartlett 球体检验结果可以得到，KMO 值为 0.752，大于 0.7，表示变量间有共同因素存在，量表题项适合做因子分析。同时 Bartlett 统计值的显著性概率是 0.000，小于 0.005，非常适合进行因子分析。

表 4-7   KMO 样本测度和 Bartlett 球体检验结果

取样足够度的 Kaiser–Meyer–Olkin 度量		0.752
Bartlett 球形检验	近似卡方	78.223
	df	15
	P	0.000

经处理，本书选取 6 个绩效指标。公因子方差分析结果显示，各变量与其他变量的共同性均显示良好，提取值指标都在 0.5 以上（见表 4-8）。

表 4-8   公因子方差分析结果

因子	初始值	提取值
品牌价值的提高	1.000	0.634
内部激励政策	1.000	0.655
盈利水平	1.000	0.520
产品种类	1.000	0.625
风险控制能力	1.000	0.608
贷款量的增加速度	1.000	0.701

提取方法：主成分分析。

如表 4-9 所示，我们从衡量小额贷款可持续发展绩效的 6 个指标中提取了 2 个因子，这 2 个因子解释了原有 6 个变量总方差的 62.401%。根据因子分析，我们可以识别浙江小额贷款公司可持续发展绩效的关键维度。

表 4-9   因子分析解释的总方差结果

成分	初始特征值			提取平方和载入			旋转平方和载入		
	合计	方差 / %	累积 / %	合计	方差 / %	累积 / %	合计	方差 / %	累积 / %
1	2.617	43.620	43.620	2.617	43.620	43.620	2.108	35.139	35.139
2	1.127	18.781	62.401	1.127	18.781	62.401	1.636	27.262	62.401
3	0.712	11.865	74.266						

成分	初始特征值			提取平方和载入			旋转平方和载入		
	合计	方差 / %	累积 / %	合计	方差 / %	累积 / %	合计	方差 / %	累积 / %
4	0.579	9.651	83.918						
5	0.544	9.073	92.990						
6	0.421	7.010	100.000						

提取方法：主成分分析。

表 4-10 为 6 个变量在 2 个因子的未转轴的成分矩阵，从成分矩阵中可以看出，大部分的指标归属于成分因子 1，少部分归属于成分因子 2，继续对该矩阵进行旋转处理，并对这 2 个因子进行解释和命名。

表 4-10　成分矩阵的结果

因素	成分	
	1	2
风险控制能力	0.778	−0.055
品牌价值的提高	0.769	−0.208
盈利水平	0.713	−0.110
产品种类	0.638	0.467
企业规模	0.502	−0.670
内部激励政策	0.504	0.633

注：①提取方法：主成分分析。
②已提取了 2 个成分。

表 4-11 根据问卷调查的内容和李克特量表的统计方法，得出小额贷款公司可持续发展绩效变量的相应指标，并进行了因子分析的旋转成分矩阵。如表 4-12 所示，d_1、d_2、d_4、d_5 为成分 1，共同因素一的构念名为"经济可持续性绩效"。结合实际调查内容，成分 2 的变量仅为 2 个：d_3、d_6，共同因素二的构念名为"操作可持续发展绩效"。

表 4-11　Kaiser 标准化后旋转成分矩阵的结果

因素	成分	
	1	2
企业规模	0.799	−0.250
品牌价值的提高	0.746	0.280
风险控制能力	0.664	0.410
盈利水平	0.643	0.328
内部激励政策	0.039	0.808
产品种类	0.245	0.752

注：①提取方法：主成分分析。

②旋转法：具有 Kaiser 标准化的正交旋转法。

③旋转在 3 次迭代后收敛。

表 4-12　绩效维度和指标对应情况

绩效维度	变量	具体指标
经济可持续性绩效	d_1	贷款量的增加速度
	d_2	品牌价值的提高
	d_4	风险控制能力
	d_5	盈利水平
操作可持续发展绩效	d_3	内部激励政策
	d_6	产品种类

第五节　小额贷款公司可持续发展关键影响因素的可靠性分析

本书采用 Cronbach 的一致性系数（α）来分析信度。内部一致性系数最适合同质性检验，检验每一个因素中各个项目是否要测量相同或相似的特性。对于调查问卷中描述相同指标的问题，只有当它们的答案相同或相近时，其度量才是可靠的。信度 α 系数大于 0.7 时，被认为可靠度较强，在 0.5 和 0.7 之间，被认为可靠性一般，可作进一步分析。

一、浙江小额贷款公司可持续发展影响因素的可靠性分析

1. 运营技术维度

如表 4–13 所示，"运营技术"维度构念的内部一致性 α 系数值等于 0.868，信度指标非常理想，标准化的内部一致性 α 系数值为 0.870，分量表包含的指标有 4 项。

表 4–13　运营技术维度可靠性统计量结果

Cronbach's α	基于标准化项的 Cronbach's α	项数
0.868	0.870	4

表 4–14 为"项总计统计量"的 4 项指标一致性程度判别的相关统计量，4 项指标校正的项目总相关系数值介于 0.702 至 0.749 之间，表示每项指标与其余项加总的一致性高，选取的 4 项指标 α 系数值介于 0.821 至 0.840 之间，每项均没有高于层面的 α 系数 0.870。由于"运营技术"层面的内部一致性 α 系数高于 0.800，表示"运营技术"层面的内部一致性信度甚佳。

表 4–14　运营技术维度项目总和统计量结果

项目	项已删除的刻度均值	项已删除的刻度方差	校正的项总计相关性	项已删除的 Cronbach's α 值
技术水平的优势	9.7969	7.434	0.749	0.821
硬件配备的优势	9.9063	7.388	0.702	0.839
员工的职业素养	9.6406	7.631	0.733	0.828
审批速度	9.6094	6.813	0.709	0.840

表 4–15 为"运营技术"层面的折半信度统计量。"运营技术"层面构念的斯布折半信度系数值等于 0.860，Guttman 折半信度值为 0.860。

表 4-15　运营技术维度可靠性统计量

Cronbach's α	部分 1	值	0.784
		项数	2*
	部分 2	值	0.768
		项数	2**
	总项数		4
表格之间的相关性			0.755
Spearman-Brown 系数	等长		0.860
	不等长		0.860
Guttman 折半系数			0.860

注：*表示技术水平的优势、硬件配备的优势，**表示员工的职业素养、审批速度。

2. 外部环境维度

如表 4-16 所示，"外部环境"维度构念的内部一致性 α 系数值等于 0.767，信度指标佳，标准化的内部一致性 α 系数值为 0.764，分量表包含的指标有 5 项。

表 4-16　外部环境维度可靠性统计量结果

Cronbach's α	基于标准化项的 Cronbach's α	项数
0.767	0.764	5

表 4-17 为"项总计统计量"的 5 项指标一致性程度判别的相关统计量，5 项指标的校正的项目总相关系数值为 0.405～0.675，表示每项指标与其余项加总的一致性高，选取的 5 项指标 α 系数值为 0.692～0.781，仅一项略高于层面的 α 系数 0.767。由于"外部环境"层面的内部一致性 α 系数高于 0.700，表示"运营技术"层面的内部一致性信度佳。

表4-17　外部环境维度项目总和统计量结果

项目	项已删除的刻度均值	项已删除的刻度方差	校正的项总计相关性	项已删除的Cronbach's α 值
税收优惠政策	13.0625	10.345	0.675	0.692
政府公益性担保政策	13.2969	11.926	0.557	0.736
国家放宽存款限制	13.3438	11.404	0.536	0.743
国家的补助政策	13.1250	11.095	0.591	0.723
贷款利率灵活性	13.4844	13.111	0.405	0.781

"外部环境"维度构念的Spearman-Brown系数值分别等于0.781和0.786，Guttman折半系数值为0.733（见表4-18）。

表4-18　外部环境维度可靠性统计量

Cronbach's α	部分 1	值	0.718
		项数	3*
	部分 2	值	0.435
		项数	2**
	总项数		5
表格之间的相关性			0.640
Spearman-Brown 系数	等长		0.781
	不等长		0.786
Guttman 折半系数			0.733

注：* 表示税收优惠政策、政府公益性担保政策、国家放宽存款限制，** 表示国家的补助政策、贷款利率灵活性。

3. 财务状况维度

如表4-19所示，"财务状况"维度构念的内部一致性 α 系数值等于0.670，信度指标佳，标准化的内部一致性 α 系数值为0.661，分量表包含的指标有4项。

表 4-19 财务状况维度可靠性统计量结果

Cronbach's α	基于标准化项的 Cronbach's α	项数
0.670	0.661	4

表 4-20 中的 4 项指标一致性程度判别的相关统计量，4 项指标的校正的项目总相关系数值为 0.617～0.650，表示每项指标与其余项加总的一致性高，选取的 4 项指标 α 系数值为 0.601～0.672，每项均没有高于层面的 α 系数 0.670。由于"财务状况"维度的内部一致性 α 系数高于 0.600，表示"财务状况"维度的内部一致性信度尚可。

表 4-20 财务状况维度项目总和统计量结果

项目	项已删除的刻度均值	项已删除的刻度方差	校正的项总计相关性	项已删除的 Cronbach's α 值
资产负债比率	8.2344	2.182	0.651	0.661
股东权益占比	7.2031	2.641	0.650	0.672
贷款损失率	8.7500	1.778	0.639	0.662
资金的周转率	7.3125	2.409	0.617	0.601

由表 4-21 可见，"财务状况"维度构念的 Spearman-Brown 系数值分别等于 0.629，Guttman 折半系数值为 0.626。

表 4-21 财务状况维度可靠性统计量

Cronbach's α	部分 1	值	0.615
		项数	2b
	部分 2	值	0.491
		项数	2c
	总项数		4
表格之间的相关性			0.473
Spearman-Brown 系数	等长		0.629
	不等长		0.629
Guttman 折半系数			0.626

二、浙江小额贷款公司可持续发展绩效的可靠性分析

1. 经济可持续性可靠性分析

如表 4-22 所示，"经济可持续性"维度的内部一致性 α 系数值等于 0.672，信度指标佳，标准化的内部一致性 α 系数值为 0.726，分量表包含的指标有 4 项。

表 4-22　经济可持续维度的可靠性统计量结果

Cronbach's α	基于标准化项的 Cronbach's α	项数
0.672	0.726	4

表 4-23 中的 4 项指标一致性程度判别的相关统计量，4 项指标的校正的项目总相关系数值为 0.413～0.574，表示每项指标与其余项加总的一致性较高，选取的 4 项指标 α 系数值为 0.541～0.721，仅一项高于层面的 α 系数 0.672。由于"经济可持续性"维度的内部一致性 α 系数高于 0.600，表示"财务状况"维度的内部一致性信度尚佳。

表 4-23　经济可持续度项目总和统计量结果

项目	项已删除的刻度均值	项已删除的刻度方差	校正的项总计相关性	多相关性的平方	项已删除的Cronbach's α 值
品牌价值的提高	8.2462	3.782	0.574	0.353	0.541
风险控制能力	7.9077	4.210	0.536	0.312	0.584
盈利水平	8.2462	4.126	0.458	0.311	0.610
企业规模	8.0000	2.719	0.413	0.202	0.721

2. 操作可持续性可靠性分析

如表 4-24 所示，"操作可持续性"维度的内部一致性 α 系数值等于 0.547，信度指标尚可，标准化的内部一致性 α 系数值为 0.551，分量表包含的指标有 4 项。

表 4-24　操作可持续维度的可靠性统计量结果

Cronbach's α	基于标准化项的 Cronbach's α	项数
0.547	0.551	2

第六节　模型构建

一、构建多元线性回归模型

在因子分析中得到了浙江小额贷款公司可持续发展影响因素的 3 个维度，分别为"运营技术""外部环境""财务状况"，这 3 个因子得分充分反映了 13 个指标对小额贷款公司可持续发展的影响，经过探索和模型拟合，最终考虑利用这 3 个因子和"企业规模"这一重要因子进行回归分析，具体模型如下：

$$Y_1 = \beta_1 X_1 + \beta_2 X_2 + \beta_3 X_3 + \beta_4 X_4 + \gamma \quad （1）$$
$$Y_2 = \beta_1 X_1 + \beta_2 X_2 + \beta_3 X_3 + \beta_4 X_4 + \gamma \quad （2）$$

其中，Y_1 表示经济可持续性绩效，Y_2 表示操作可持续性绩效，X_1，X_2，X_3，X_4 分别表示"运营技术""外部环境""财务状况""企业规模"，β_1、β_2、β_3、β_4 均为回归系数，γ 是常数量。

二、经济可持续性影响的回归分析

1. 经济可持续性绩效回归模型

表 4-25 所示为模型汇总摘要，调整的 R^2 为 0.645，即拟合的线性回归模型反映了原始数据 64.5% 的信息，拟合效果尚佳。

表 4-25　经济可持续性影响回归的模型汇总

模型	R	R^2	调整 R^2	标准估计的误差
1	0.817*	0.668	0.645	0.59387432

注：*表示预测变量：企业规模、外部环境、运营技术、财务状况。

2. 操作可持续性绩效回归模型

表 4-26 为模型汇总摘要，调整的 R^2 值甚小，线性回归模型拟合效果甚差。

表 4-26　操作可持续性影响回归的模型汇总

模型	R	R^2	调整 R^2	标准估计的误差
2	0.226[*]	0.051	0.004	1.00381785

注：[*]表示预测变量（常量）：外部环境、财务状况、运营技术。

二、方差分析

方差分析主要是单因素方差分析，它主要用于检验由单一因素影响的一个或几个相互独立的因变量的各因素水平分组的均值之间的差异是否具有统计意义，也就是判断它们是否来自同一总体；也可用于分析该因素的若干分组中哪一组与其他各组均值间具有显著性差异，从而进行均值的多重比较。

1. 经济可持续性绩效方差分析

如表 4-27 所示，方差分析结果中的 F 统计量为 29.649，概率小于显著性水平 0.05，所以该模型的拟合度较好，即运营技术、外部环境、财务状况和企业规模 4 个因子对浙江小额贷款公司可持续性发展的经济可持续性影响是显著的。

表 4-27　经济可持续性绩效与各因素的方差分析表 Anova[**]

模型		平方和	df	均方	F	P
1	回归	41.827	4	10.457	29.649	0.000[*]
	残差	20.809	59	0.353		
	总计	62.636	63			

注：[*]表示预测变量企业规模、外部环境、运营技术、财务状况，[**]表示因变量经济可持续性绩效。

2. 操作可持续性绩效方差分析

如表 4-28 所示，方差分析结果中的 F 统计量为 1.076，概率大于显著性水平 0.05，四个因子对浙江小额贷款公司可持续性发展的操作可持续性影响是不显著的。

表 4-28　操作可持续性绩效与各因素的方差分析表 Anova**

模型		平方和	df	均方	F	P
2	回归	3.252	3	1.084	1.076	0.366*
	残差	60.459	60	1.008		
	总计	63.711	63			

注：* 表示预测变量外部环境、财务状况、运营技术，** 表示因变量操作可持续性绩效。

3. 回归系数确定及分析

（1）经济可持续性绩效回归分析

表 4-29 给出了回归模型的参数估计结果，得到回归方程如下：

$$Y_1 = 0.033X_1 + 0.156X_2 + 0.112X_3 + 0.660X_4 - 1.849 \qquad （5-1）$$

表 4-29　经济可持续性绩效回归模型

模型		非标准化系数		标准系数	t	P
		β	标准误差	β		
1	（常量）	−1.849	0.189		−9.795	0.000
	财务状况	0.112	0.075	0.112	1.485	0.043
	运营技术	0.033	0.075	0.033	0.439	0.062
	外部环境	0.156	0.075	0.156	2.082	0.022
	企业规模	0.660	0.061	0.813	10.759	0.000

注：因变量为经济可持续性绩效。

将拟合预测值与实际值比较后得知，模型的拟合优度较好，并且模型中各变量系数符号的经济意义合理，各项影响因素的增长对浙江小额贷款公司可持续发展的经济可持续性影响均存在正向作用。同时，因子"运营技术"的概率等于 0.062，大于显著性水平 0.05，说明模型中"运营技术"因素的影响相对不显著。而"企业规模"这个因素对于浙江小额贷款公司可持续发展的经济可持续发展方面的影响十分显著，"外部环境"影响的显著性也很强。

（2）操作可持续性绩效回归分析

操作可持续性绩效回归模型结果见表 4-30。

表 4-30　操作可持续性绩效回归模型

模型		非标准化系数		标准系数	t	P
		β	标准误差	试用版		
2	（常量）	−0.008	0.125		−0.066	0.947
	运营技术	0.026	0.126	0.026	0.203	0.839
	财务状况	−0.213	0.126	−0.212	−1.683	0.098
	企业规模	−0.075	0.126	−0.075	−0.595	0.554

注：因变量：操作可持续性绩效。

模型中各变量系数符号的经济意义不符合实际情况，说明模型中三个因素不显著，对于浙江小额贷款公司可持续发展的操作可持续发展方面的影响不显著。

第七节　实证结果讨论

本书以浙江 65 家小额贷款公司为研究样本进行了实证分析，并对相关数据、变量的信度和效度进行了分析。结果显示，模型分析的各变量的测度均满足信度、效度要求，而且验证性因素分析证实了模型具有建构效度。研究表明：浙江小额贷款公司的资产规模较大，研究样本显示近半数的小额贷款公司资产规模在 2 亿元以上。另外，小额贷款公司的组成形式分为股份有限公司和有限责任公司两种，两者占比相近。而两种组成形式的小额贷款公司股东人数主要集中在 2～30 人，相对中小型企业，股东人数相对较少，人员结构紧凑。

根据因子分析结果及问卷调查结果，本书进行回归模型的建立，证实了"运营技术""外部环境""财务状况""企业规模"4 个因子与浙江小额贷款公司可持续性发展的经济可持续性具有显著正相关关系，而其中的"外部环境""财务状况""企业规模"3 个因子对浙江小额贷款公司可持续性发展的经济可持续性也具有较为明显且显著的正效应。

在浙江小额贷款公司可持续发展影响因素的维度分析中，本书选择了6项指标对小额贷款公司的绩效进行衡量，6项绩效在因子分析中根据结果显示分为两个因子，其中4项指标为一个因子，另2项指标为另一个因子。一般情况下，每一因子应有3项及以上指标较为合理，但由于调查问卷结果数据分析显示选取6项指标是最为合理的，若多加入其他指标，因子的累计解释量增加不大，却归为3个因子，分为3个维度，这将连带造成回归模型的拟合效果不佳。所以，该6项指标分为两个维度最为合适，即2个因子。

本书基于前人的理论和实地调查，剔除并总结相关信息，用13个指标归纳影响小额贷款公司可持续发展的因素。由因子分析将13个指标分类为3个维度：运营技术、外部环境和财务状况。另外，本书采用6个指标分为两个维度——操作可持续性和经济可持续性，来衡量小额贷款公司的绩效。影响因素和绩效的各维度的各因素均通过了可靠性分析。然后，本书尝试建立影响因素与绩效的回归方程。方差分析结果显示：运营技术、外部环境、财务状况和企业规模4个因子对浙江小额贷款公司可持续性发展的经济可持续性影响是显著的，而该4个因子无法通过其对操作可持续性影响的显著性检验。模型中各变量系数显示，4项影响因子与浙江小额贷款公司可持续发展的经济可持续性均存在正相关关系，与实际经济意义相符，但"运营技术"该项因子影响的显著性欠佳。

在本书的实证研究中，虽然在样本、研究方法的选择上力求完整和精确，但仍然存在一些不足：第一，数据量还不够大。第二，研究方法和模型的选择可进行深入研究讨论，需要更多创新的方法。

研究小额贷款公司可持续发展的影响因素，可以促进民间融资的合法化和透明化，并间接解决中小企业和贫困农民贷款难的问题。另外，理论方面能进一步丰富贷款理论体系，通过对小额贷款公司健康成长的探索，将传统的金融体制与非传统金融体制相结合，拓展我国民间金融理论体系。

第五章

小额贷款公司持续发展的模式和路径选择研究
——基于浙江的调查数据

自 2008 年 7 月浙江省开始小额贷款公司试点以来，小额贷款公司的发展态势、资产质量、风险控制总体良好，设立数量保持增长态势、贷款规模不断扩大、服务"三农"和小企业成效明显、经营效益稳健，在合理配置民间资本、促进新农村建设、优化服务和中小企业方面，发挥着较大的作用。本章以国际上四种典型的小额信贷模式为背景，以国内学者对我国商业性的小额信贷机构——小额贷款公司的运营模式和现状的研究为基石，通过问卷调查和实证分析，研究浙江省小额贷款公司的运营模式，可以为今后小额贷款公司的设立提供参考，为小额贷款公司的发展和改革提供建议。

第一节　小额信贷发展模式分析

纵观世界各地的小额信贷实践，由于国情不同，小额信贷的运作方式也有差异，国际上比较成功的小额信贷模式主要有金融扶贫（福利型）模式和以盈利为目标的商业（制度型）模式。

一、国外小额信贷发展模式

1. 金融扶贫运营模式

（1）孟加拉国乡村银行模式（Grameen Bank）

该模式又称小组贷款（group lending，GB）模式。孟加拉国乡村银行模式被誉为世界上规模最大、效益最好的扶贫模式，其前身是 1976 年穆罕默德·尤努斯博士在孟加拉国乔布拉（Jobra）村开创的小额信贷实验项目，1983 年在政府支持下，项目机构转化为一个独立的正规银行，即格莱珉银行，主要为贫困人口，尤其是为农村贫困妇女发放小额信贷。Gibbons 和 Kasim（1991）发现，马来西亚小额贷款妇女的还款比例为 95%，而男性的还款比例只有 72%。Stiglitz 和 Weiss（1990）认为，小组贷款模式主要是转嫁了风险，把监管者的风险转嫁到了贷款者身上。

（2）拉丁美洲村银行模式（FINCA）

村银行模式，是指"社区管理的存贷协会，其成立是为了便于社区成员得到金融服务、建立社区自我帮助的小组和帮助成员累计存款"。由此可见，存银行是建立在社区基础上的存贷协会，以此架起了社区与正规金融相连接的桥梁，它可以克服客户地理分散和人口密度低的弱点。

2. 商业型运营模式

（1）玻利维亚阳光银行（BancoSol）模式

玻利维亚阳光银行成立于 1992 年，是玻利维亚第一家专业从事小额信贷业私人商业银行，其前身是一个以捐款为资金来源的非营利性组织 PRODEM。该组织成立于 1987 年，通过提供信贷服务和培训来扩大就业和鼓励向小企业投资，采取正规的相互担保制度，小组中任何人拖欠贷款，其他成员都将联合承担偿还责任。1992 年，PRODEM 改制为阳光银行，成为玻利维亚第一家专业从事小额信贷业务的私人商业银行，其服务对象主要是城市的小企业或自我雇佣者。

（2）印度尼西亚的 BRI 小额信贷模式

印度尼西亚模式又称 BRI（Bank Rakyat Indonesia，印度尼西亚人民银行）小额信贷模式。印度尼西亚人民银行创立于 1970 年，最初是为执行一项水稻集约耕种项目中的信贷部分。1983 年 6 月，印尼政府调整了金融政策，放松了利率管制，政府为新贷款项目的实施提供资金支持，印度尼西亚人民银行作为一家国有商业银行，目标是为农村地区提供金融服务。

二、国内现有小额贷款公司发展模式的研究分析

国内学者也纷纷对小额信贷进行研究并提出了多种小额信贷模式，以探求适合我国国情、各省省情的小额信贷模式。

（一）对国际小额信贷运营模式吸收

焦瑾璞（2007）及王曙光等（2008）指出，从国际范围来看，主要有四类比较有影响的小额贷款模式，即：村银行模式、小组贷款模式、个人贷款模式和混合型模式。

吴晓灵（2011）按机构性质提出银行类金融机构小额信贷、政府扶贫机构与非政府组织小额信贷、小额贷款公司的小额信贷和其他机构的小额信贷模式。

（二）地区特色运营模式

钱进（2009）针对上海小额贷款公司结合地区情况、市场环境和自身发展定位，积极探索，提出了四种运营模式：

（1）依托所在区域型。以闵行九星小额贷款公司为例，主要发起人九星控股（集团），其下属九星市场现有商户6500多家，占闵行全区商业企业总数的1/4。长期的经营需求让这批商家成为潜在的借款者，也让他们有了稳定的信用依据。

（2）依托股东型。以嘉定银丰小额贷款公司为例，主要发起人及其他股东多为区工商联系统企业，与区内很多优质中小企业都有联系，也比较了解企业状况。公司充分发挥企业股东的作用和优势，对股东重点推荐的和比较了解的企业，给予信用贷款并及时将贷款资金划账到位，大大简化了贷款流程，节约了成本，提高了效率。

（3）依托银行型。以青浦明诚小额贷款公司为例，其业务发展迅速，主要得益于管理人员具备多年的银行信贷经验和广泛的客户资源。嘉定西上海、奉贤新发展、金山民欣等小额贷款公司也与地方银行签订了全面合作协议。

（4）依托政府型。以松江龙欣小额贷款公司为例，部分数额较大的贷款由区担保中心担保，这样保证了贷款的安全性。

（三）农户运营模式

张玉梅和王子柱（2010）提出 4 种农户小额贷款的模式。

（1）公司＋农户小额贷款模式。农业产业化的经典模式，采用企业与农户签订种植、养殖等方面的合同，由龙头企业担保农户贷款的方式帮助农户获得贷款，则有助于小额农贷的发展。

（2）农村合作社＋农户小额贷款模式。通过合作，农民可以在较大幅度地降低生产成本，提高抵御风险的能力；农户可以进行更加专业化的分工，提高生产效率；农户之间信息共享，提高了销售利润；农户在合作的基础上申请农户联保贷款的成功率大大提高。

（3）农户小额贷款＋小额贷款保证保险模式。保证保险是指在约定的保险事故发生时，被保险人需在约定的条件和程序满足时方能获得赔偿的一种保险方式，其主体包括投保人、被保险人和保险人。投保人和被保险人就是贷款合同的借款方和贷款方。借款人为获得贷款，须与银行、保险公司分别签订贷款合同及小额贷款保证保险合同。

（4）农民积蓄＋农户小额贷款相结合。该方式是将小额贷款与农户存款相结合，以家庭为主体，让小额民间资本和小额农贷共同成为农户的创业资本。

（四）经营理念运营模式

张舒平等（2012）根据具体运营中各家采用的经营模式因各自经营理念和目标不同有所差异的情况，对石林县小贷公司的主要经营模式进行探究，发现主要有 3 种经营模式：

（1）"自主"经营模式。

（2）"村镇银行"经营模式。

（3）"资金调剂池"经营模式，以石林云昊小额贷款有限公司为代表，目前主要是当关联企业和合作企业发生资金紧缺时，及时为它们提供资金支持。公司起到资金调剂池的作用，对未来的发展规划视情况而定。其经营理念导致其采用相对较低的利率水平和粗放的管理模式。

（五）网络运营模式

张玉梅（2010）对 P2P 小额网络贷款模式进行了研究。由于借款人一般没有合适的抵押品，也没有用于质押的存单和国债等金融资产，因此传统的小额贷款主要指信用贷款和联保贷款。孟加拉国乡村银行模式是由农村中彼此熟悉的五家农户组成联保小组，其他四户为贷款农户提供担保。阿里巴巴和建设银行在传统五户联保的基础上进行了创新，共同推出了网络联保贷款，网络联保贷款项目不需要任何抵押，但需要由 3 家或 3 家以上企业组成一个联合体共同来申请贷款。

第二节　理论分析与假设

钱进（2009）提出，上海小额贷款公司从开业以来，结合地区情况、市场环境和自身发展定位，积极探索，初步形成了四种运营模式，一是依托所在区域型，二是依托股东型，三是依托银行型，四是依托政府型。浙江省与上海地理位置相邻，且同属于经济发达省市，小额贷款公司同时起步，在一定程度上两地发展状况、经营模式可以相互比较、相互借鉴。

由于我国的小额贷款公司的定位为商业性的小额信贷机构，浙江省政府对省内小额贷款公司没有直接的财政拨款举措，在小额贷款公司的发展过程中其只发挥导向作用，引导小额贷款公司健康发展，提供政策上的支持、业务上的帮助，从外部因素方面影响小额贷款公司成长。所以浙江省的小额贷款公司不是依托政府型的运营模式。

浙江省小额贷款公司一般由当地资金实力强、有社会责任感的民营骨干企业设立，发起人是最大的股东，它们资金雄厚、实力强大，能给予小额贷款公司资金支持和业务帮助；有较强的经营管理能力和抗风险能力，可以为小贷公司铺平道路，小贷公司依托这些股东公司可以站得更稳、走得更远。

本书对浙江省小额贷款公司运营模式提出以下 5 种假设。

假设1：浙江省的小额贷款公司采取股东依托运营模式。

根据 2008 年发布的《浙江省小额贷款公司试点暂行管理办法》，小额贷款公司的资金来源可以是不超过两个银行业金融机构的融入资金，且小额贷款公司从银行业金融机构获得融入资金的余额不得超过资本净额的 50%。换言之，小额贷款公司可以从银行融资的最高上限是资本净额的 50%，2011 年 9 月起，该融资比例放宽到资本净额的 100%。所以从政策上看，浙江省是允许小额贷款公司从银行融资的，且限制逐渐放宽。

小额贷款公司要想发展，首先要有足够的可放贷资金，自有资金往往有限，然而小额贷款公司的融资渠道相对较窄，根据问卷调研，笔者发现浙江省有不少小额贷款公司通过向银行融资来增加可贷资金。如果银行愿意把资金"批发"给小额贷款公司，那么小额贷款公司就可以从银行获得相对充足的资金，以维持其持续经营。

假设2：浙江省的小额贷款公司采取银行依托运营模式。

公司发展同当地经济发展的水平基本呈正向的相关性，经济相对落后地区的公司发展也相对滞后，如浙江省等经济发达地区推进小额贷款公司发展的速度快，成立公司的数量多，放贷金额也大；反之，经济欠发达地区推进步伐较为缓慢，公司规模小，市场份额少。《浙江省小额贷款公司试点暂行管理办法》规定：小额贷款公司不得跨区域经营业务。每个县市都有自己的特色产业，对小额贷款公司而言，伴随而来的是有地区特色的业务，所以浙江省的小额贷款公司更容易形成鲜明的地区模式。

在行业发展规划上，浙江省小额贷款公司坚持与银行等金融机构的错位经营模式，着力发展其面向"三农"及小微企业的信贷业务，做精做强小额信贷业务，是对整个金融行业的补充。其贷款主要面向农业（主要是养殖业）、工业和个体工商户。

假设3： 浙江省的小额贷款公司采取地区和产业集群依托运营模式。

小额贷款公司面对的贷款对象主要是农户和中小企业，所以放贷风险较大，虽然不会像银行那样对贷款人提出极高的担保要求，但为了降低损失，还是需要贷款人提供必要的担保。在担保方式上较为灵活，各地小额贷款公司纷纷推出可行性较高、能够吸引客户的担保方式，例如存货质押贷款、动产抵押贷款、林权抵押贷款、商标权抵押贷款等形式，这不仅是其发展的基础，也是其持续发展的突破口。

假设4： 浙江省的小额贷款公司采取担保依托运营模式。

国际上主要有四类比较有影响的小额信贷模式，即小组贷款模式（Group Model 或孟加拉国乡村银行模式）、村银行模式（Village Banking）、个人贷款模式（Individual Model）和混合型模式。小组贷款模式是以小组联保的形式发放小额贷款；村银行模式指的是小额信贷机构以一个村的整体信用为支撑，在村范围内发放小额贷款；个人贷款模式指的是直接对自然人发放小额贷款；混合型模式同时兼顾上述三种形式。

假设5： 浙江省的小额贷款公司的定位是商业型公司。

根据《浙江省小额贷款公司试点暂行管理办法》规定，贷款对象仅限于农户、个体经营者和小微企业，业务运作坚持立足农村、服务"三农"，以改善农村金融服务为目的，故而假设浙江省贷款公司的定位是商业型公司。

第三节　数据来源和实证检验

一、数据来源

第一，问卷调查。本书采用笔者自己编制的问卷对浙江省的小额贷款的财务相关人员进行问卷调查，通过对公司的实际情况和对未来情况的预期这两个大的方向，对可能会影响小额贷款公司运营模式的指标进行测量，得到关于运营模式的相关数据，再通过 SPSS 软件对数据进行分析，探讨影响因素。

第二，年报信息。根据浙江省小额贷款公司运行及监管报告，挖掘得到相应的数据，再进行分析。

第三，从中国人民银行获得《小额贷款公司地区情况统计表》，从中选择相关数据进行分析。

二、浙江省小额贷款公司可持续发展模式的实证检验分析

若在上一章基础上进一步探讨小额贷款公司的运营模式，仅从对指标的描述中无法确定浙江省小额贷款公司的运营模式到底是怎样的。绩效对于每一个公司来讲都是赖以生存的指标，因此探讨小额贷款公司的运营模式，就应该分析到底是哪些因素影响了公司的实际绩效，如果这个指标对绩效有显著的影响，说明它就是小额贷款公司运营中不可缺少的一个环节，也就是运营模式的一个组成部分。按照同样的逻辑，如果一个指标无法对公司的绩效产生影响，那么我们就判断它不是运营模式中的必要元素。要探讨元素中彼此影响的关系，我们需要用到回归分析。

我们采用 5 个指标对公司的绩效进行评价，它们分别是：①流动资产占有率；②资产负债比率；③资金的周转率；④股东权益占比；⑤贷款损失率；这 5 个指标可以粗略地评价一个公司运营的情况，例如偿债能力、营运能力。以下将针对本章的 5 种假设进行逐个验证，探讨浙江小额贷款公司可持续发展的运营模式。

（一）股东依托运营模式

根据问卷调查结构，65 家小额贷款公司的自有资金比例如表 5-1 所示。

表 5-1　65 家小额贷款公司自有资金分布比例

资金区间	频数	百分比/%	有效百分比/%	累积百分比/%
10% 以下	5	7.7	7.7	7.7

续表

资金区间	频数	百分比/%	有效百分比/%	累积百分比/%
10%～30%	9	13.8	13.8	21.5
30%～50%	17	26.2	26.2	47.7
50%～80%	24	36.9	36.9	84.6
80%～100%	10	15.4	15.4	100.0
总计	65	100.0	100.0	

从表 5-1 可以得到，在被调查的 65 个样本中有 36.9% 的公司自有资金占比在 50%～80% 区间内，15.4% 的公司自有资金占比在 80%～100% 区间内，合计有 52.3% 的公司的自有资金占比在 50% 以上，换言之，半数以上公司的自有资金有一半以上来自股东，可以看出小额贷款公司的可贷资金明显依托股东。

小额贷款公司的最大股东是主发起人，主发起人有的是上市公司，有的是资金实力雄厚的集团公司，它们可以发挥自己与行业内很多优质中小企业都有联系的优势，从而使小额贷款公司可以获得质量较高的客户资源。2008 年政策规定主发起人的持股比例不超过 20%，而今允许扩大到 30%，从这个侧面可以得到两个结论：一方面，主发起人的股权进一步扩大，有利于支持小额贷款公司的进一步发展；另一方面，小额贷款公司可以获得更加稳固、充足的自有资金。

小额贷款公司成立一年后可以增资扩股。调查发现，小额贷款公司主要是原有股东进行增资扩股，也有新增股东。增资扩股可以直接增加资本金，为更多的客户提供贷款资金。

同时，《浙江省小额贷款公司融资监管暂行办法》增加了小贷公司的融资渠道：可以"向主要法人股东定向借款"。因此，可以依托股东拓宽融资渠道。

综上所述，在小额贷款公司成立时可以从股东处融到半数以上的可贷资金，在放贷过程中不仅可以通过股东进行增资扩股，还可以合理合法地向股东借钱。上述三种途径都可以直接帮助小额贷款公司融到资金，在一定程度上可以说，股东对小额贷款公司的业务也有直接的帮助，说明小额贷款公司运营是非常依赖股东的。

（二）银行依托运营模式

小额贷款公司的主要资金来源为股东缴纳的资本金、捐赠资金，以及来自不超过两家银行业金融机构的融入资金。

浙江省小额贷款公司对银行的资金需求量较大，而且政策也有所放宽，原来从银行业金融机构获得融入资金的余额不得超过资本净额的 50%，现在扩大到 100%。根据问卷调查，小额贷款公司融资渠道放宽政策的激励程度如表 5-2 所示。

表 5-2　小额贷款公司融资渠道放宽政策的激励程度

政策	频率	百分比 /%	有效百分比 /%	累积百分比 /%
融资比例可放宽到资本净额的 100%	40	61.5	61.5	61.5
小贷公司间调剂拆借资金	8	12.3	12.3	73.8
可申请境内外资本市场上市融资	17	26.2	26.2	100.0
总计	65	100.0	100.0	

在对"最新政策对小贷公司融资渠道和比例限制的放宽"问题的回答中，有效样本数据为 65 个，其中有 40 个选择"融资比例可放宽到资本净额的 100%"选项，占比 61.5%。从数据上看，被调研的 65 家小额贷款公司对于"融资渠道"的拓宽更寄希望于放宽融资比例，从而可以从银行融到更多的资金，在资金获得上对银行有一定的依懒性。

为了进一步验证小额贷款公司来源于商业银行资金对小额贷款公司运营绩效有促进作用，选取本节前述 5 个指标对公司的绩效进行评价，结果如表 5-3 所示。

表 5-3　资金来源对公司绩效的回归关系

资金来源	非标准化系数		标准系数	t	P
	B	标准误差			
自有资金	0.092	0.287	0.048	0.322	0.748
商业银行	0.539	0.203	0.353	2.660	0.010

资金来源	非标准化系数		标准系数	t	P
	B	标准误差			
同业互助拆借	−0.417	0.437	−0.125	−0.954	0.344
向股东借款	−0.181	0.318	−0.089	−0.568	0.573

根据回归的结果，银行的资金来源与绩效的关系的方程模型如下：

$$Y = 0.539X + 13.961$$

其中，X 为向商业银行贷款的数量。

表 5-3 中 B 表示回归系数，回归系数为正表示自变量对因变量有正向的预测作用，回归系数为负表示自变量对因变量有负向的预测作用。t 为对回归系数的显著性检验，即探讨在统计学上回归系数是不是显著的。P 是显著性系数，$P < 0.05$ 表示我们需要拒绝回归系数不显著的假设，结果表明回归系数显著。从表 5-3 中可以发现，从商业银行获得的贷款对小额贷款公司的绩效产生了影响，商业贷款是银行的主要资金渠道之一。上述分析表明，若小额贷款公司可以从银行融到足够多的资金，那么对其持续发展有极大的支持作用。

2011 年 9 月，浙江省出台新政策，将银行融资比例放宽到资本净额的100%。2011 年浙江省各市小额贷款公司融资比例统计如表 5-4 所示。

表 5-4　2011 年浙江省各市小额贷款公司融资比例统计　　单位：家

城市	0	30% 以下	30% ～ 50%	50% 以上
杭州	1	10	15	2
宁波	6	2	17	0
温州	5	5	15	1
绍兴	6	6	5	1
嘉兴	4	2	12	1
湖州	3	3	7	1
金华	3	1	11	0
衢州	4	1	1	0
台州	2	5	11	0

续表

城市	0	30% 以下	30% ~ 50%	50% 以上
丽水	4	1	5	0
舟山	3	0	2	0
共计	41	36	101	6

注：数据根据 2011 年《浙江省小额贷款公司运行及监管报告》整理而成。

从表 5-4 可知，2011 年浙江省全省 184 家小额贷款公司中，有 41 家完全没有从银行融资，占比 22.28%；有 36 家融到占资本金额 30% 以下的银行资金，占比 19.57%；融资比例在 30% ~ 50% 的小额贷款公司数量最多，有 101 家，占比 54.89%；然而当政策允许融资比例扩大到 100% 时，可以融资 50% 以上的小额贷款公司也只有 6 家，占比 3.26%，远远未达到预期水平。也可以说，小额贷款公司从银行融资还有一定的发展空间。

综上所述，银行对缓解小额贷款公司可贷资金压力有积极作用，小额贷款公司的融资杠杆比例低是制约小额贷款公司发展的原因之一，削弱了小额贷款公司做大业务的能力，各地小额贷款公司融资比例与规定的限额还有较大的距离。究其原因，主要有以下三点：第一，融资可选银行数量规定过少，"最多只能向两家银行融资"。第二，融资成本高，就 2011 年而言，国家宏观政策进一步收紧、银行流动性紧缩，直接影响了小额贷款公司的融资环境，限制了贷款规模，加大了融资成本，大部分银行针对小额贷款公司的贷款利率上浮 20% ~ 30%。第三，融资门槛高，银行给小额贷款公司放贷审批严格。

由于小额贷款公司正处于探索发展阶段，而银行较为注重风险控制，不会轻易放贷给小额贷款公司。随着小额贷款公司的日渐成熟，各个银行对小额贷款公司这一新事物的态度也由原来的保守转变为积极，如果能够打破对融资银行数量的限制，并降低小额贷款公司在银行融资的门槛，必将对缓解小额贷款公司可贷资金压力、降低信用风险起到积极作用，那么小额贷款公司就可依托银行持续发展。

（三）地区和产业集群依托运营模式

根据小额贷款公司监管局对小额贷款公司调研的情况，浙江省11市（嘉兴、台州、丽水、绍兴、衢州、舟山、宁波、金华、温州、湖州、杭州）表现出了鲜明的地区特色。

杭州、宁波、温州等地的小额贷款公司发展速度较快，衢州和舟山地区发展较慢，这与地区经济的发展状况是分不开的。绍兴、宁波等地平均每笔贷款金额最高，舟山、丽水等地平均每笔贷款金额最低。贷款公司目前不可以跨区域开展经营活动，各个市的地区优势不同，经济发展状况差异加上各市发展行业的差别，呈现出地区特色，小额贷款公司在各市的发展状况是由各市小额贷款的需求强度决定的。

随着浙江省产业结构调整的进一步深化，小额贷款公司的贷款分布也日益偏重第三产业，服务业占比明显提升。

小额贷款的主要发放对向为个体工商户和工业领域的企业。故而小额贷款公司的发放贷款的数量因行业不同而比例不同。各个行业都有其产业集群效应，浙江省小额贷款公司自成立以来，积极响应地方政府建设现代产业集群的号召，主动服务区域经济发展，对培育区域块状经济起到了重要作用。如今小额贷款公司再次投身于支持产业集群发展的融资体系中，因地制宜地开发新产品，加大对优质成长性企业创业创新的支持力度。在纺织产业发达的绍兴，绍兴汇金小额贷款公司通过加强与政策性担保公司的合作，采用"封闭运作、对应操作"的方式，为80多家中小企业发放搭桥贷款1100多笔，累计放贷20多亿元；杭州市拱墅区集中了建华五金机电市场、钱江小商品市场等众多专业性市场，市场内个体商户资金需求旺盛但融资困难，拱墅区建华小额贷款公司积极服务市场经营户，开业至今累计发放贷款给248户商户，共计19325.5万元，其中市场商户（个体工商户）96户，占比39%，总金额为3652.5万元，占比19%；杭州市滨江区近年来着力打造高新产业发展基地，辖区内东冠小额贷款有限公司每年专门安排2000万元贷款资金用于支持创业阶段的高新企业发展，有力推动块状经济向现代产业集群升级转型，取得了很好的效果。

综上所述，浙江省的小额贷款公司呈现出地区和产业集群依托运营模式。

（四）担保依托运营模式

根据问卷调查，将"要求担保方式的强度"与"绩效"进行回归分析，结果如表 5-5 所示。

表 5-5 "要求担保方式的强度"与"绩效"进行回归分析

模型		非标准化系数		标准化系数	t	P
		β	标准误差	β		
1	常量	12.937	0.789		16.396	0.000
	要求担保方式的强度系数	0.702	0.242	0.346	2.900	0.005

根据回归的结果，要求担保方式的强度与绩效的关系的方程模型如下：

$$Y = 0.702X + 12.937$$

其中，X 为要求担保方式的强度。

X 和 Y 的散点图和拟合直图如图 5-1 所示。

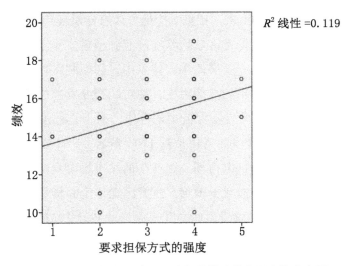

图 5-1 要求担保方式的强度与绩效的散点图和拟合直图

由图 5-1 可得，要求担保方式可以解释绩效的 11.9%。

同时从表5-5可知，"要求担保方式的强度"对公司的绩效的影响达到了显著水平，且与绩效是正相关关系，因此笔者认为，"要求担保方式的强度"越大，对小额贷款公司的发展越有利。所以可以肯定，小额贷款公司贷出资金需要贷款人提供一定的担保，依托担保，小额贷款公司能更好地发展。

（五）个人贷款运营模式

为了探讨贷款用途的不同，我们通过问卷测量了公司对各种项目的贷款量，让参与问卷者根据公司的实际情况对向"三农"、个人、小微企业、创业贷款项目数量的多少进行排序，排在第一位的计4分，排在最后的计1分。结果如图5-2所示。

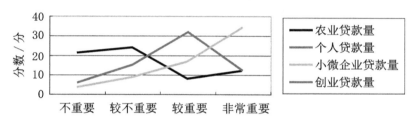

图 5-2　不同的贷款对象对公司的重要程度的影响

注：其中的个人贷款量和创业贷款量的分布一致，两条线重合。

通过对小额贷款公司向这四个方面贷款的多少和公司的绩效指标做回归分析，得出哪种投资对象对浙江省的小额贷款公司的绩效有影响，从而确定小额贷款公司的运营模式，回归分析如表5-6所示。

表 5-6　不同贷款对象对公司绩效的回归分析

贷款对象	非标准化系数		标准系数	t	P
	β	标准误差	β		
农业贷款量	−0.096	0.354	−0.050	−0.271	0.787
个人贷款量	0.563	2.182	0.887	1.984	0.043
小微企业贷款量	−0.065	0.413	−0.029	−0.158	0.875

续表

贷款对象	非标准化系数		标准系数	t	P
	β	标准误差	β		
创业贷款量	−0.302	2.191	−0.699	−2.177	0.035
常量	14.238	2.440		5.834	0.000

从表5-6可知，个人贷款量和创业贷款是影响公司绩效的主要的贷款模式，其中个人贷款量对绩效有正向的预测作用，而创业贷款量对绩效有负向的预测作用，两者对绩效的影响都达到显著水平，从回归系数可知，公司的绩效方程如下：

$$Y = 0.563X_1 - 0.302X_2 + 14.328$$

X_1 和 X_2 和 Y 的散点图和拟合直图，分别如图5-8和5-9所示。

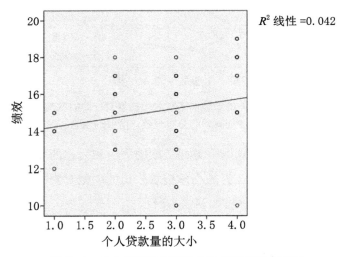

图 5-8　个人贷款量与绩效的散点图和拟合直图

图 5-8 表明，个人贷款量可以解释 4.2% 的公司的绩效情况。

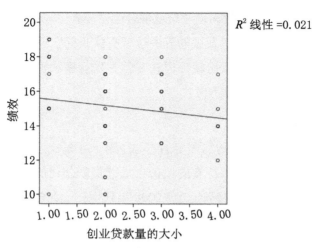

图 5-9　创业贷款量与绩效的散点图和拟合直图

图 5-9 表明，创业贷款量的多少可以解释 2.1% 的公司绩效。个人贷款和创业贷款总共可以解释公司绩效变化的 6.3% 的变异。

综上可得，浙江省小额贷款公司的运营模式是个人贷款和创业贷款的混合模式。

三、检验结论和讨论

浙江省的小额贷款公司已经有 14 年的发展历史，浙江省重视小额贷款公司的发展，先后多次出台利好政策，在摸索中不断前进，在前进中不断变革，意在不断扩展其发展空间，使之可持续发展。本章通过研究浙江省小额贷款公司的运营模式，希望可以为今后小额贷款公司的设立提供参考，为小额贷款公司的发展和改革提供建议。

本章主要是在上海小额贷款公司的四种运营模式和国际上划分的四种小额信贷模式的基础上，进一步探讨浙江省的小额贷款公司是否存在同样的运营模式及是否有浙江省独特的运营模式。实证分析表明，浙江省小额贷款公司的运营模式主要是股东依托运营模式、银行依托运营模式、地区和产业集群依托运营模式及担保依托运营模式。以贷款对象为切入点，实证分析表明，浙江省的小额贷款公司主要是个人贷款和创业贷款混合运营模式。

本章所述的浙江省可持续发展的五种运营模式目前已经贯彻在小额贷款公司运营过程中。笔者认为，股份转让模式和债券发行模式也是未来浙江省小额贷款公司可持续运营的两种可行模式。

（一）股份转让模式

《浙江省小额贷款公司试点暂行管理办法》第十九条规定，小额贷款公司的股份可依法转让，但主发起人持有的股份自小额贷款公司成立之日起 3 年内不得转让，其他股东 2 年内不得转让。自 2008 年到现在，大多数小额贷款公司已具有转让股份的权利，"融资渠道窄"的问题一直困扰着小额贷款公司，而且一度成为阻碍其成长的关键因素，这是小额贷款公司的一块短板，而挂牌转让能增强公司的融资能力。温州中小企业促进会会长周德文认为："挂牌转让是股权融资的一种全新形式，应该说是破解小贷公司放贷资本金受限难题的新出路。"加上浙江省股权交易中心的成立，为股权转让提供了一大平台，为浙江省内企业特别是中小企业提供股权、债权的转让和融资服务。股权交易中心不仅具有直接融资的功能，而且可以与上交所、深交所对接，一旦条件成熟，即可转板至上交所或深交所。目前，浙江已有两家小额贷款公司先后于 2012 年 12 月 31 日和 2013 年 1 月 21 日在该中心成功挂牌。然而由于股权转让对公司经营并没有直接的影响，但对于公司而言，既可以扩大战略投资人的甄选范围，也方便其自由退出；对于持有公司"原始股"的股东而言，则不需等到公司上市才能将股份兑换成现金，有利于小额贷款公司的发展。这也是未来小额贷款公司运营模式的一种选择。

（二）债券发行模式

2012 年 3 月 28 日，国务院常务会议批准实施《浙江省温州市金融综合改革试验区总体方案》，其中第八条规定，"积极发展各类债券产品。积极发展各种类型和各种信用等级的债券产品"，可以说，发私募债券获批，相当于局部解决了小贷公司再融资渠道，债券融资也有望打破小贷公司的融资瓶颈。温州市金融办主任、地方金融监管局局长张震宇表示，温州将利用浙江省股权交易中心和温州市股权营运中心两大平台，集合3～5家小贷公司发行私募债券来扩大融资。目前温州已有多家小贷公司正在紧锣密鼓地筹备发行债券。如此看来，发行债券是未来小额贷款公司持续发展的一大可能趋势。

在本实证研究中，虽然在样本、研究方法的选择上力求完整和精确，但仍然存在一些不足：

在数据来源方面，本书的数据来自浙江省工商局的监管年报，可能由于各个小额贷款公司上报信息存在不真实性或者数据库存在一些数据的缺失和输入的人为误差，选取的数据本身不真实，导致最后的研究结果存在出入。如果可以进一步完善数据库或者做更精细的数据筛选，则可使数据相对更加真实和准确。

在问卷调查方面，本问卷设计考虑不周，选项设置不是很完善，而且可能被调查者有各方面的顾虑，不按照真实情况作答，加上人力物力的限制，调查范围比较窄，回收有效的样本数据偏少，若是能够在这些方面加以完善，那么研究结果会更精确。

第四节　小额贷款公司发展前景展望

由于贫困在各国的表现并不相同，不同的机构对小额信贷也有不同的理解，当这些因素与各国的政策环境、文化差异、背景、监管框架等相结合后，就使各国的小额信贷在运作中呈现出多样化发展的格局。这也从一个侧面提醒我们，小额信贷是金融创新的结果，我国正在推动的小额贷款公司不应是任何一个国家或地区的复制和翻版，我们需要借鉴国际上成功的小额信贷机构或项目的经验，但更需要突出自身的发展特色，因地制宜、因时制宜。

与国际上典型的小额信贷发展模式相比，我国的试点小额贷款公司在性质、组织结构、资金来源、监督管理上显然与它们存在着明显差异（详见表5-8），突出表现在以下几个方面：

一是在主导力量上，国际小额信贷机构大多是由非政府组织经历一定阶段成功运作后推动的机构转型，而我国的小额贷款公司是在政府主导和大力推动下设立的全新机构。尽管政府主导型的试点模式有条件享受一些政策优惠待遇，对于快速和大规模推进改革起效迅速，但缺少制度变迁时与制度的深入磨合，加上政策制定者对试点小额贷款公司有着服务"三农"和小微企业、加强风险控制、确保可持续发展的三重目标要求，制度设计难以周全，因此，在实际运行中出现不适应情况就难以避免了。

二是在产权结构上，我国小额贷款公司是由自然人、企业法人与其他社会组织三种类型构成，其中自然人股东占比最高，其他社会组织占比很低，这与国际小额贷款公司股权结构中非政府组织一股独大的现象存在较大差距。这种明晰的产权配置方式避免了以非政府组织股东为主的小额信贷机构存在的"所有者缺位"问题，有效地解决了信息不对称带来的委托代理问题，有利于形成科学的激励约束机制。

表 5-8　国际小额信贷与我国小额贷款公司差异比较

特征	国际小额信贷机构	我国小额贷款公司
制度模式	福利主义和制度主义并存	典型的制度主义模式
主导力量	多数是非政府组织主导	政府主导，民间资本参与
产权结构	因非政府组织在股权结构中一股独大，容易产生"所有者缺位"问题	股东由自然人、企业法人构成，产权明晰
资金来源	接受捐赠和吸收公众存款	以注册资本金和金融市场借款来放款
机构性质	获得金融牌照的银行法人	从事金融业务的企业法人
目标客户	福利主义以穷人作为目标客户，制度主义以穷人中的富余者为目标客户	"三农"和小微企业
业务品种	注重提供一系列金融服务，品种较多	小额贷款为主，其他业务极少
贷款利率	市场化利率，但整体而言，制度主义较福利主义模式利率水平高	市场化利率，但不得超过同期银行贷款利率的 4 倍

特征	国际小额信贷机构	我国小额贷款公司
抵押担保	福利主义模式下通常不需要抵押担保，制度主义模式需要抵押担保	需要抵押担保

注：根据前文的分析和前人相关的文献资料整理汇总而成。

三是在资金来源上，试点小额贷款公司为防范风险"只贷不存"，这与国际小额信贷机构存在显著的不同。"只贷不存"被国内外学术界批评为"单条腿走路"，其生存发展空间明显受限。捐赠资金和公众存款是国际小额信贷机构的重要资金来源，而我国小额贷款公司所争取到的捐赠资金微乎其微，对外融资比例又被严格限制，当然这一点在 2011 年后已有所放宽，但"只贷不存"的制度设置本身必然会带来后续发展资金匮乏的难题。

四是在目标客户上，小额贷款公司是面向"三农"和小微企业等银行信贷服务盲区，而不是严格意义上的中低收入群体，更不是在贫困线上挣扎的"穷人"。从这个角度讲，我国试点小额贷款公司走的是典型的制度主义道路，这点在第二章和第三章都有所论述。从试点中可以发现，大多数小额贷款公司平均单笔贷款一般在数万元，最大的单笔贷款从几十万元到上百万元不等。这些给小额贷款公司达到客户数量广泛和服务覆盖度广的目标带来了挑战。

在防范风险的前提下，小额贷款公司经营者能够逐步扩大资本回报率和业务规模，实现可持续发展。当前就小额贷款公司的未来发展前景而言，笔者认为在继续经营、做好主业、保持小额贷款业务外，可以进一步发展一些优质小额贷款公司的模式，主要有两条路径：专业贷款零售商和社区银行。

一、专业贷款零售商

（一）概念界定

专业贷款零售商是指拥有规范的公司治理结构，能够从正规金融机构以低利率批发资金，然后投放于实体经济，专营贷款零售业务的有限牌照金融机构。这种运作模式在国外有迹可循，例如美国的贷款零售公司（Retail Credit

Company）、科威特贷款公司（Kuwai Finance House，KFH）等。

（二）转型路径

从某种意义上讲，我国小额贷款公司是专业贷款公司零售商的一种运作模式，但要其发展成为市场化运作和商业可持续性的专业贷款零售商，还需要在以下几个方面有所突破：一是机构性质。小额贷款公司发展成为专业贷款零售商首先要解决身份定位问题，可在法律层面认定小额贷款为"只贷不存"的有限牌照金融机构。二是资金来源。专业贷款零售商不吸收公众存款，运用自有资金和批发资金开展小额贷款业务，需解除小额贷款公司向正规金融机构融资的数量限制，放宽融资比例，拓宽融资渠道，并逐步开放各类金融市场。三是监管主体。按照相关法律规定，金融机构应由专业监管部门实行监管，小额贷款公司转制为专业贷款零售商后的监管主体须由地方政府金融办逐步转向地方银行监管部门。

（三）优劣势比较

小额贷款公司转制成专业贷款零售商的过程简单快捷，成本较低。同银行相比，其优势在于行政管理成本低、效率高，而且由于不吸收存款，监管程度较轻；弊端主要体现在操作阶段，其资金来源较单一，产品范围较窄。

二、社区银行

（一）概念界定

社区银行（Community Bank）的概念来自美国等西方经济发达国家。所谓社区银行，是指在一定地区范围内按照市场化原则自主设立，独立按照市场化原则运营，主要为社区内的农户和小微企业提供综合性金融服务的小型商业银行。这里的"社区"并不是一个严格界定的地理概念，既可以指一个市、县，也可以是城市和乡村的聚居区域。美国独立社区银行协会（Independent Community Bankers of America，ICBA）对社区银行的定义为：社区银行是本地所有、独立运营的机构，其资产规模通常在几百万美元到数亿美元不等。^① 我国目前尚未有真正意义上的社区银行，但有少数城市银行和农村商业与合作金融组织合作，形成了社区银行的雏形。

（二）转型路径

小额贷款公司改制成为社区银行，应坚持区别对待、循序渐进的原则。首先，改制的重点对象应是公司治理制度完善、内部控制机制健全、经营情况良好、竞争能力强且坚持"支农支小"服务方向的小额贷款公司。其次，遵循"先试点、后推广"的思路，先选择一些位于发达地区且经营状况较好的小额贷款公司进行社区银行试点，例如浙江温州、杭州等中小企业发达、地方政府财政充裕且干预较少、民间资本较为充沛的地区，试点成功后，再向其他地区推广。

小额贷款公司在向社区银行改制的过程中，应明确以下几个问题：一是产权主体。依据《小额贷款公司改制设立村镇银行暂行规定》，小额贷款公司改制为村镇银行必须有银行业金融机构作为发起人，发起人持股不低于20%，这就意味着小额贷款公司升格为村镇银行，就必须将控股权转让给体制内的金融机构，这显然与推动民营资本进入金融领域，加快金融业创新发展的初衷相悖。可考虑修改"小额贷款公司改制为村镇银行必须有银行业金融机构人作为主发起人"的限制，明确小额贷款公司产权主体为民营，成为真正意义上的社区银行。二是市场定位。应坚持立足社区，面向"三农"和小微企业的原则，为当地居民、中小微企业及农户提供个性化金融服务。三是资金来源与运用。小额贷款公司要发展成为"可贷可存"的社区银行，应遵循属地原则，即资金主要来源于社区，同时也服务于社区，从而推动该地区经济的发展。四是监管体系。民营资本具有强烈的趋利动机，过度扩张易导致金融风险，因此，小额贷款公司在向社区银行改制的过程中，银监部门要加强监督，严把准入关，确保改制工作依法合规，同时，要对改制后的社区银行实施持续监管，确保其稳健发展。

---

① 董翀，孙同全. 村镇银行的社区银行特征 [J]. 中国金融，2018，892（22）：89-90.

（三）优势和挑战

小额贷款公司转制成社区银行的过程较为复杂，对于执照、最低资本金等都有严格的要求。其优势是有一个特殊和完善的执照，可以开发多样化的金融产品，为顾客提供完善周到的服务，从而不断提高客户的忠诚度和覆盖面；再融资的选择面拓宽，包括银行存款、同业拆借等，在一定程度降低了风险；评级结果变好，投资者、存款人和银行会因此愿意提供更多的资金。其面对的挑战是需要有足够的利润来覆盖高固定成本。此外，作为银行，也需要接受银监会的全面监管。

第六章

中国绿色小额信贷的创新尝试和国际经验启示

在全球气候变化背景下，扶贫与环保已经不再被割裂地看待，小额信贷机构在想方设法减少贫困的同时，还应该关注环境问题。绿色小额信贷是寻求扶贫与环保之间的平衡点的金融服务创新。

近年来，孟加拉国、印度、埃及和拉丁美洲的一些国家进行了绿色小额信贷试点，取得了不错的效果和经验。中国在大力扶贫的同时，还需做到不对自然环境产生破坏甚至改善环境。中国的扶贫对象主要是农民，农民对自然环境的依赖性很强，气候的变化对农民影响很大，同时近年来中国小微型企业发展迅速，对环境产生的影响也越来越大。绿色小额信贷在改善农民生活质量、建设美丽乡村、推动小微型企业绿色生产、增强小微型企业社会责任感、培育小额信贷公司环保责任意识，促进绿色就业等方面都发挥着巨大作用，因此走"绿色小额信贷"之路，成为治理环境污染、保护生态环境、促进经济可持续发展的最优和必然选择。如何走出一条成功的"绿色小额信贷"之路，成为当前整个社会关注的重要问题。因此，本章在回顾、分析和借鉴国内外绿色小额信贷发展的基础上，探索具有中国特色的绿色小额信贷发展道路。

第一节　绿色小额信贷的内涵、边界与特征

纵观世界各地的小额信贷实践，由于国情不同，小额信贷的运作方式也有差异，国际上比较成功的小额信贷模式主要有金融扶贫（福利型）模式和以盈利为目标的商业（制度型）模式。

一、绿色小额信贷的内涵与边界

2007 年，欧洲绿色小额信峰会正式提出绿色小额信贷的概念：绿色小额信贷就是在小额贷款过程中考虑环境的可持续发展及主动改善环境质量。我国作为全球最大的发展中国家，正经历着经济增长和产业转型升级，环境污染问题不容小视。2010 年《国民经济和化会发展第十二个五年规划纲要》中就指出，要更好地利用绿色信贷、绿色证券和绿色保险等环境金融手段，协调经济发展与环境保护之间的关系。党的十八大报告提出要"大力推进生态文明建设"，将生态保护提高到了国家战略的地位。

绿色小额信贷是一种兼具扶贫与环保功能，促进清洁能源和清洁技术的开发与使用的金融服务创新模式。国内外学者从不同的角度对绿色小额信贷的定义进行了扩展，认为小额信贷机构拓展"绿色功能"是大势所趋，绿色小额信贷可以向小微企业提供其亟须的资金和技术援助，使它们能够提高能源效率，推广绿色产品和服务，研究在发展绿色小额信贷时贷款标准中的环境保护问题。绿色小额借贷属于小额借贷部门基于环境绩效评测决定应否提供借贷的优惠制度，从而令借贷者利用借贷资金开展的经济行为不污染环境甚至可以保护环境，这通常由各类小额借贷部门负责。

对于我国来说，绿色小额信贷是一个新概念，最近几年国内开始有学者对该领域进行研究。张燕等（2011）提出，所谓绿色小额信贷，主要是对环保技术与小额贷款进行结合，其包含了小额贷款和绿色信贷内容。庞标丹（2012）提出，所谓绿色小额信贷，主要是指利用小额借贷对农村环保生产和环保技术的发展提供帮助，实现降低借贷风险、改善农村经济水平与环境保护的一类新型借贷机制。杨帆（2020）提出，绿色小额信贷主要是处理金融结构的信贷和资源环境的和谐发展及其相互协调的关系，以环境为抓手进行信贷管理的优化，在资源环境保护的前提下使资金能够得到合理的配置，使产业结构朝着全新、合理化的方向前进。绿色信贷不仅满足市场的发展需求，且具有良好的经济效益。在传统的信贷贷款评估中引进环境资源保护的衡量标准，促进了社会经济的快速发展和进步。简单而言，绿色小额信贷是通过绿色生态、扶贫活动及经济活动的结合，开展小额信贷经济活动，确保三者的健康长远发展，其中也包含了对清洁能源的合理开发和利用（孙宁，2019）。

绿色小额贷款有三种形式：第一，农民和其他借款人可能需要实行环保养殖，使用可再生产品，如谨慎的土壤和水的管理，或把资金用来种植防风林树木，以享受一定折扣的小额贷款。第二，通过提供资金和技术援助，使企业家可以创建或扩大绿色微型企业。第三，通过提供创新的贷款产品，解决可再生能源的前期成本。绿色小额信贷有可能解决普遍存在的贫穷、金融排斥和能源不平等问题，也可以创造绿色就业机会，减少温室气体排放，节省税款，促进小规模企业发展，创造一个更适宜居住的社区。绿色小额信贷作为金融机构在低碳背景下进行金融创新的工具，是低碳产业与金融的产融对接的双赢路径（张燕等，2011）。

二、绿色小额信贷的特征

绿色小额信贷集小额信贷与绿色信贷于一体，主要特点有：（1）包含了绿色信贷和小额信贷的特征（杨帆，2020）。（2）政策性。绿色小额信贷是以扶贫、环境保护为目的，具有很强的政策性。（3）信贷方式的便捷性。绿色小额信贷集合了小额信贷的优势，小额信贷的放贷流程简单便捷，资金到位快，在贷款程序上比普通的贷款简单。（4）服务对象的定向性。绿色小额信贷主要针对的是从事环保、减碳节能项目的微型企业、农户，服务对象上具有限定性。（5）信贷的无息性与资助性。绿色小额信贷主要的目的是通过对环保节能减碳项目融资，帮助贫困地区微型企业、农户脱贫及发展当地低碳经济或循环经济，贷款往往具有无息性与资助性的特征（张燕等，2011）。

第二节　绿色小额信贷研究现状

一、国外绿色小额信贷研究现状

绿色小额信贷在国外发展时间不是很长，关于绿色小额信贷的研究成果相对有限，仍处于不断发展中。

（一）关于绿色小额信贷发展的动因研究

截至目前，主流观点认为小额信贷机构在贷款过程中考虑贷款对环境的影响是出于社会、伦理和环境责任。但也有部分学者认为小额信贷机构发展绿色小额信贷是企业之间竞争的创新之举。Symbiotics 等（2011）对小额信贷公司的股东进行了访谈，45% 小额信贷公司股东表示他们在做投资决策时会把小额信贷机构对环境的态度作为重要的标准。而 Allet（2014）通过对 160 家小额信贷公司的数据进行定量分析和对 23 位小额信贷机构的高层管理人员的调查进行定性分析，认为小额信贷机构发展绿色小额信贷的原因首先是社会责任，其次是企业间竞争的结果，而法律的监管只是一个次要的原因。Abid 和 Kacem（2018）认为小额贷款公司或机构通过提高环境的质量和社会的包容性（主要针对缓解贫困）来促进经济增长和投资，并以突尼斯为例介绍绿色小额信贷机构在制度安排、与贫困斗争和降低失业率方面的实践。

（二）关于绿色小额信贷发展的社会与经济影响的研究

Bansal 等（2000）将竞争（经济利益）作为企业关注环保第二重要的原因，后来的学者提出了不同的观点，主要有以下四种：第一，小额信贷机构发展绿色小额信贷能够获得政府及环保组织的资金支持，这些支持资金能够扩大它们的市场并且能够减少成本。第二，小额信贷机构通过发展绿色小额信贷，能够获得差异化竞争力，最终吸引更多的客户。第三，小额信贷机构通过发展绿色小额信贷，能够提高企业的声誉，培养员工的责任心。第四，小额信贷机构发展绿色小额信贷，能够降低贷款者的信用风险。Bawoke（2021）对绿色小额信贷机构在环境治理中的作用进行了综述，认为绿色小额信贷在结合信贷、技术支持和环境服务的支付方面是有积极效用的。

Hammill 等（2008）提出，绿色小额信贷可基于对能源可持续管理的支持，提高人们对环境变化的承受能力；Starobin（2008）提出，绿色小额借贷属于应对气候变动的主要方式之一，能够改善低收入人群对气候变动的承受能力；Fuller 等（2009）提出，绿色小额信贷将社会因素与环境因素紧密联系，解决了金融部门与环保机构的诸多不能同时顾及的问题，是整个包容性绿色经济机制建设过程的关键组成部分之一。Lauro 和 Rafael（2015）以巴西为例，就绿色小额信贷对气候变化的影响进行了实证研究，发现绿色小额信贷对气候变化有积极的重要影响。

（三）关于绿色小额信贷对环境的影响和发展趋势的研究

关于衡量小额信贷对环境影响的研究，国外学者主要采取两种途径：第一种是关注结果，即废水、废气、垃圾等污染物的排放情况；第二种是关注过程，即管理层对于促进环境友好的努力程度，比如政策制定、环保培训等。Abid 和 Kacem（2018）对突尼斯绿色小额信贷进行了研究，研究表明，突尼斯在引入绿色小额信贷制度后，生态信贷的发放促进了对贫困和失业情况的改善。

国外学者普遍认为绿色小额信贷是大势所趋，虽然能获得经济收益，但付出的成本太高，经济收益难以弥补成本，这些是目前绿色小额信贷发展缓慢最重要的原因。加拿大自主创业组织的看法也相同，其认为绿色小额信贷发展的前提条件是绿色小额信贷机构有利可图，然而目前绿色小额信贷机构最大的障碍是无利可图。

三、国内绿色小额信贷研究现状

近年来，尽管绿色小额信贷在国际上的研究较多，且大多分布在发展中和发达国家，但在国内，绿色小额信贷的研究还处于起步阶段。至 2021 年底，中国知网数据库查找到的相关文献约有 19 篇。

（一）基于扶贫视角的绿色小额信贷发展研究

绿色小额信贷作为一种在农村地区推动扶贫及绿色产业发展的有效措施，在我国已有初步应用。杨帆（2020）从金融扶贫视角对绿色小额信贷发展研究进行了综述，并对我国绿色小额信贷政策实施的有效对策进行了研究。耿军会和王雪祺（2017）以河北省保定市为例，对商业银行、政策性银行和小额信贷公司三类金融机构进行对比，商业银行和政策性银行绿色信贷有所行动，但小额的特征较难体现，而小额信贷公司逐利性强，绿色小额信贷缺乏公益性。若完全采用市场手段来推行绿色小额信贷是比较困难的。因此，需要借助一系列合理的制度设计和政府介入。就目前情况来看，我国绿色小额信贷的制度路径已经搭建好，但在地区性的绿色小额信贷支持匹配等问题上，存在较大问题，尤其表现在商业性金融机构主体缺少开展绿色小额信贷的动力，仅依靠政策性金融主体的力度有限。同时，民间金融对绿色小额信贷的参与度过低。

（二）绿色小额信贷的可持续发展研究：模式和路径

资源节约型、环境友好型社会需要坚持生产发展、生活富裕、生态良好的文明发展道路，以实现发展速度和结构质量效益相统一、经济发展与人口资源环境相协调的预期。如何实现绿色小额信贷这一新兴金融创新工具的可持续发展，一些学者进行了探讨。张燕等（2011）对发展绿色小额信贷的低碳农业政策性金融支持路径选择进行了研究。张惠光等（2013）探讨了政策性金融推出绿色小额信贷的可行性，提出了完善政策性银行推行绿色小额信贷，支持低碳农业的激励与风险补偿激励机制，并指出贫困和环境污染是困扰河北省的两大现实问题。绿色小额信贷的开展能较好地将扶贫和环保相结合，是开展绿色金融、精准扶贫的有效途径。王雪祺和耿军会（2016）以河北省保定市为例，对商业性金融机构和政策性金融机构开展绿色小额信贷的现实困难做了分析，并给出了绿色小额信贷可持续发展的途径。陆怡伽和罗韵轩（2017）从供给侧结构性改革视角探讨了我国绿色金融模式的创新问题，分析了我国绿色金融模式创新的四种模式：绿色信贷模式、环境产业基金模式、绿色保险模式和绿色金融衍生品，并在进行国际比较后提出了供给侧结构性改革下绿色金融模式创新的对策建议。

绿色农户小额信贷是治理环境污染、保护生态环境、促进小农经济可持续发展的最优及必然选择。因此如何走出一条成功的绿色农户小额信贷之路成为学者与银行业关注的重要问题。杨轶华等（2013）从国家利率补贴的视角建立了数学模型，来研究农村绿色小额信贷的最优贷款利率，通过建立农村绿色小额信用贷款决策模型，对那些保护环境的农村贷款项目进行评级审核，通过国家对农村绿色小额信贷进行补贴，使农户获得低于正常贷款的利率贷款，同时考虑农户在项目进行时面临的自然风险与市场风险会转化为贷款风险的可能性，求得农村绿色小额贷款的最优利率及与此并存的最优的项目风险水平，并对最优利率的影响因素进行了实证分析。

（三）基于环境权的绿色小额信贷发展研究

环境权是农民合法权益之一，是农民得以生存和发展的前提和基础。发展绿色小额信贷是保护农民环境权的一种有效方式，这就需要创建一个支持绿色小额信贷发展的法律环境。通过引入环境弱势群体和环境权概念，导出农民环境权的含义，进而分析发展绿色小额信贷与农民环境权保护的契合度。庞标丹（2012）对湖北低碳农业的政策性金融支持法律问题进行了研究，认为应针对湖北不同地区的低碳农业发展现状，择优试用不同的支持模式与政策性金融产品，并提出湖北低碳农业的政策性金融支持的具体法律问题的解决对策：完善政策性金融支持低碳农业的法律制度；改善湖北低碳农业的政策性金融支持新模式；健全政策性金融支持湖北低碳农业的政策保障措施；创新湖北发展低碳农业的政策性金融支持路径。张燕和陈胜（2012）从绿色小额信贷支持农民环境权保护三重路径着手，探讨了我国在发展绿色小额信贷时可以采取把绿色小额信贷制度纳入法治的轨道、规范其操作程序和管理制度、构建多元化市场准入监管法律制度、建立绿色小额信贷风险控制机制等法律保障措施。张燕等（2013）认为农村环境日益恶化和污染向乡村转移，农民成为最大的受害群体。怎样保护农民的环境权益？绿色小额信贷能助推农民环境权的实现。陈胜（2013）对绿色小额信贷法律制度进行了研究。通过考察美国、意大利等发达国家，印度、孟加拉国和斯里兰卡等发展中国家绿色小额信贷发展现状，对不同国家绿色小额信贷制度进行深入分析，可为我国发展绿色小额信贷提供一定的经验与借鉴，并得出启示：整合环境教育资源，提供绿色技术支持、建立环境绩效评价制度，注重国际绿色合作与交流、加强政府的政策引导与倾斜力度，拓宽绿色小额信贷融资渠道、健全绿色小额信贷机构的监管制度等。

（四）关于绿色小额信贷发展的调查研究和政策建议研究

张亦男等（2016）对河北张家口开展绿色小额信贷的现状进行了调研分析，从农户绿色小额信贷需求状况和政策性金融机构支持绿色农业发展情况入手，针对贫困农户绿色小额信贷需求缺口，以政策性金融支持生态农业发展，提出推进扶贫和环保的可持续发展的政策建议。2016年，张亦男等针对信贷供给方存在自身发展局限和绿色小额信贷体系制度不健全等多方面问题，立足作为信贷供给方的政策性金融机构，从其机构自身和政府部门两个角度提出相关政策建议，以期对推动河北省绿色小额信贷的发展提供借鉴和参考。熊园（2016）对海南省发展绿色小额信贷的对策进行了研究，认为海南省绿色小额信贷的发展需要政府的保障与引导，具体包括完善相关法律体系、加大监管力度、构建财税激励机制、重视环保的宣传教育等。同时，也需要小额信贷机构不断完善自身，包括实施环境风险评估、储备"绿色人才"、开发绿色金融产品、培育员工绿色理念等。研究最后还就绿色小额信贷可以采取的面向项目和面向客户的贷款模式进行比较，提出海南省发展绿色小额信贷在短期内适合采用面向项目模式，并逐步过渡到面向客户模式。

（五）对于国外绿色小额信贷发展的分析和可借鉴经验研究

国内一些学者还对国际绿色小额信贷的发展经验进行了研究，并提出了一些可供我国借鉴的做法和启示。胡蓉（2013）对国际绿色小额信贷的发展经验进行梳理，从建立小额信贷环境绩效指数（MEPI）等五个方面进行分析，并结合我国国情，对我国绿色小额信贷的发展提出了建立绿色小额信贷的环境影响和绩效评估系统（EIPA）等政策建议。陈胜（2013）在2013年北京国际环境技术研讨会上对美国、意大利绿色小额信贷制度进行了分析。他认为我国经济发展速度与环境保护进展不相协调，应鼓励环境保护与扶贫协调发展，而绿色小额信贷兼具扶贫和环境保护功能。他通过剖析美国、意大利绿色小额信贷制度，结合我国实际状况，有总结了美国、意大利发展绿色小额信贷的经验，对我国的启示有：整合环境教育资源，提供绿色技术支持；建立环境绩效评价制度，注重国际绿色合作与交流；加强政府扶持力度，拓宽绿色小额信贷融资渠道和健全绿色小额信贷监管制度。王会芝（2014）也通过分析美国绿色小额信贷的发展经验，总结了美国绿色小额信贷对我国的启示，并结合我国国情，为我国发展绿色小额信贷提出对策与建议。

国外的绿色小额信贷是以小额借贷为基础延伸而成的，部分学者从脱离贫困和环境保护方面出发，开始重视小额信贷对环境因素的影响。在研究方向上，一般是基于绿色小额信贷动因、绿色小额信贷发展的社会与经济影响和扶贫视角进行绿色小额信贷发展研究，不仅有理论角度的分析，而且有问卷调查、访谈等实证研究；在政策建议方面，国外主要采用政府鼓励、市场参与的方法，政府较少进行直接管制。

国内研究尚处于起步阶段，相关的资料极少，当前，大部分探讨是基于国际上的已有成果，从理论出发探析国内绿色小额信贷的可持续发展，包含模式和路径、基于环境权的绿色小额信贷发展、绿色小额信贷发展的调查研究和政策建议及对国外绿色小额信贷发展的分析和借鉴经验等，实证研究较少。在政策建议方面，国内研究主要运用政府鼓励和法律监管等手段，比较少运用市场手段。国内的研究还有待深入，要注重理论解析，研究的范围还较窄，与国外相比有一定的差距。所以，国内关于绿色小额信贷的研究有待进一步深入。

第三节　绿色小额信贷发展的国际实践经验

国际绿色小额信贷作为一种新型的扶贫与环保工具，其产生是时代发展的必然选择。尤其是进入 21 世纪后，国外各种小额信贷机构为了更好地履行社会责任，不断地探讨并创新各种绿色信贷业务，对经济、社会和生态环境产生了显著的影响。许多国家在发展绿色小额信贷时各有特色，发展中国家中的孟加拉国较为突出，欧洲的意大利、美洲国家美国、亚洲国家日本等都在绿色小额信贷上有较多的实践，其中的经验值得我们研究和借鉴。

一、孟加拉国绿色小额信贷实施经验

作为小额信贷的发源地，孟加拉国虽然经济发展相对落后，但在绿色小额信贷的探索上，一直在稳步前进。在孟加拉国，政府对小额信贷的扶持力度十分大，对于环保的宣传力度也很大，其发展绿色小额信贷的措施适合该国的经济社会发展实际，具有一定的代表性。

（1）政府主导，增强环保意识。孟加拉国政府十分重视提高小额信贷参与者的环保意识。在孟加拉国，小额信贷机构在促进环保意识上有着独特的优势地位，它们通过积极宣传保护环境的重要性，提高全民的认知水平。政府还提供专业的、有针对性的培训活动，增强环保意识。同时，鼓励小额信贷机构将为农民和小微企业提供各种绿色培训作为贷款的先决条件。

（2）利用排除条款，拒绝"三高"企业的贷款申请。小额信贷机构在公司章程或贷款协议中直接采用排除条款，对于任何超出资源增长率的资源消耗行为、浪费资源及可能对环境产生负面影响的贷款申请，一些小额信贷机构可通过排除条款，直接拒绝其贷款申请。而对太阳能、电池板、地热资源、水力发电等可再生能源的开发，一些小额信贷机构为其开通绿色通道，降低申请门槛和简化申请流程。

二、欧洲绿色小额信贷实施经验

进入 21 世纪后，欧洲一直处在绿色小额信贷发展的理论前沿，尤其是在 2012 年，欧洲绿色小额信贷研究中心主任迈特·马森（Met Marson）提出评估小额信贷绿色度的 MEPI 指标后，欧洲部分国家开始在 MEPI 指标的指引下，不断完善绿色小额信贷制度。在欧洲各国中，小额信贷在意大利的增长令人印象深刻，特别是 2008—2009 年意大利小额信贷在整个欧洲小额信贷行业中增长最为显著。与其他大多数欧洲的运营商相比，意大利的小额信贷机构更加注重小额信贷的社会目的，其目标是促进社会包容，而不是企业推广、创造就业机会和减少贫困。它们关注小额信贷与健康、教育及环境这三者之间的联系，旨在强化微型企业家和现有的微型创业者的个人能力和专业能力，抵御气候变化带来的风险，因而越来越多的捐助者、投资者和技术援助供应商将其纳入自己的业务中。综合看，欧洲发展绿色小额信贷的典型实践有：

（1）减少小微企业内部的生态足迹，降低环境影响风险。单个小微企业对环境的影响是非常有限的，但许多小微型企业活动产生的合力对环境影响巨大。因此，英、法、德等欧洲发达国家，都十分重视节约利用资源及控制环境污染。所谓生态足迹，主要是指可不断供给能源或处理垃圾的、具备生物生产力因素的地区，也就是可处理人类社会产生的垃圾、拥有生产能力的地区面积情况，其中目标设定为：碳审计和较少生态足迹（如减少能源消耗、CO_2 化排放、垃圾排放等）、提高职工的环保意识的具体办法（如宣传手册、PPT 宣讲等）、在公司年度报告中设置环保指标（如纸、水、能源消耗等）。欧洲政府一直以来都大力鼓励技术创新，鼓励小微企业走"低碳化"之路。通过信贷创新服务，鼓励小额信贷所在区域内的微型企业在生产中尽量"低碳化"，比如尽量高效造纸，减少能源消耗和合理用水等，以降低整体碳排放量，降低小微企业的生态足迹。做到这一步的"环境管理"，是非常有价值的。

（2）建立 MEPI 系统，综合评估小额信贷机构的社会责任。MEPI 指标是一种相对比较全面的环境影响评价体系，它主要从环境政策、生态足迹、环境风险评估、绿色信贷和非金融的环保服务五个方面构建指标体系，以展现金融机构的小额信贷行为。环境政策指的是小额贷款公司关于环境的有关公司政策、条款，包括公司愿景、使命和价值观中是否重视环保，公司的正式文件中（如公司章程、贷款协议等）是否设置环保的相关条款，公司是否成立专业部门（或人）来管理环境问题，公司是否有鼓励职工重视环保的激励机制（如奖金、晋升等）。环境风险评估指的是小额贷款公司就小额贷款的使用对环境的影响进行贷前、贷中、贷后的风险评估，包括使用贷前排除条款、贷中评估客户活动的环境风险、提高信贷员评估客户风险能力的培训、贷后追踪客户环境行为的检测信息系统。绿色信贷是在信贷活动中，将达到环境检验要求、污染处理水平与环境保护标准作为借贷资格审核的关键条件，以改善环境，包括提供促进清洁或可再生能源开发和效率提高的贷款、通过降低利率来支持环境友好型活动（如可持续农业、生态旅游等）。非金融的环保服务指的是小额贷款公司提供的与金融活动无关的环境保护服务，包括要求贷款者签署环保协议、实施一些项目（如传单、讨论会等）来提高贷款者的环保意识、组织一些活动（如环保竞赛、展览会等）来促进贷款人的环境友好行为、提供一些服务（如培训、技术支持等）来促进贷款人的环保活动。通过将小额信贷管理层的表现与农民及小微企业的经济行为进行系统评估，以促使其履行环境责任。

（3）与银行和其他公共机构建立合作伙伴关系，注重国际绿色合作与交流，提升整体环境水平。

以意大利为例，意大利的小额信贷机构与银行、公共机构构成"三角系统"，发展为合作伙伴关系，在致力于制定绿色培训机制、研究环境与社会问题风险管理机制及涉及环保的业务开发机制等方面产生更大的影响。小额信贷机构借助一定的财政激励政策和财政部门的支持，开展绿色小额创业贷款，支持微型企业的创立或发展，并通过提供贷款优惠，鼓励微型企业从事环保产业或环境友好型产业，履行其环保义务；开发"社会"或"个人"小额贷款，在个人和家庭面临因气候环境改变而造成的经济困难时，帮助他们克服这些困难，并防止气候改变对他们的生活和生产带来进一步的冲击或危机。同时意大利的小额信贷机构与银行、公共机构构成"三角系统"，积极参与"赤道原则"①的推广，制定了一系列有关环境敏感行业的可持续发展绿色小额信贷政策，基于环境、经济和社会的综合视角，规定了不提供或限制提供绿色小额信贷支持的行业和领域。

2007年，第一届欧洲绿色小额信贷峰会成功举办。欧洲小额信贷峰会作为国际绿色合作与交流平台，不仅大大提高了欧洲各国人民的环保意识，在每年的峰会上，各种金融机构、政府部门、非营利性组织等，都会积极探讨绿色小额信贷的创新模式，比如正在或试图建立一整套环境绩效评估制度，举行区域性的会议来研究小额信贷和制定环境政策，各国取长补短，共同推进绿色小额信贷的持续健康发展，为欧洲的整体生态水平做出了卓绝的贡献。

三、美国绿色小额信贷实施经验

作为"赤道原则"的重要发起人，在非营利性组织的呼吁及美国各大银行自身发展的双重压力下，美国的绿色小额信贷业务发展得十分迅猛。美国越来越多的小额信贷机构把环境因素、可持续发展因素纳入它们的贷款和风险评价程序中，制定了一系列的措施评估农民和小微企业贷款项目的环境与社会影响，试图寻找扶贫和环保的最佳衔接点和平衡点。美国发展绿色小额信贷的具体措施有：

（1）成立专业的绿色小额信贷机构，推动循环经济，提高环保意识。美国专门从事绿色小额信贷的机构非常多，它们的首要目标就是扶贫和环保。绿色小额信贷机构的成立是一种很好的试验，它们的成立旨在引导小额贷款更多地流向环保产业。21世纪初，美国的垃圾循环利用率为27%，这与美国竭力践行低碳环保、循环经济的目标相差较远。绿色小额信贷机构通过对贷款者给予支持，如组织贷款者积极参与回收公司的收集日，对社区的电子废物进行综合回

---

① "赤道原则"作为一套用于管理项目融资的环境社会问题的自愿性框架文件，是基于国际金融公司的绩效标准和"环境、健康和安全指南"开发而成，它第一次把项目融资中模糊的环境和社会标准明确化、具体化，为信贷部门评估和管理环境风险提供了一套操作指南。

收，或者鼓励建立回收微型企业。美国一些州制定了促进循环利用的政策，绿色小额信贷机构在这一政策下逐渐发挥重要的作用，开展绿色环保领域的技术培训，让客户了解绿色小额信贷的环保知识和环境管理技术，通过技术培训和知识普及，在全国范围内提高公众的环保意识。

（2）建立环境绩效评价制度。美国绿色小额信贷机构逐渐采用环境风险管理程序，开发新的金融产品和服务，以减少对环境的影响，推动社会经济的可持续发展。一些绿色小额信贷机构提出了环境绩效评价制度，用以识别绿色小额信贷项目可能的环境影响，并对环境影响和环境风险进行评价。在绿色小额信贷体系内设置环境管理程序，在贷款筛选过程中采用一定的环境准则，并确定评估小额信贷环境责任的指标体系。指标体系主要包括四个方面的内容：第一，环保措施的落实情况，主要评估小微型企业对环境的关注程度，并提升到与社会责任一样的高度。第二，减少生态足迹。该指标旨在评估小微型企业在经济活动过程中采取的环保措施，如提升排污处理技术等；第三，环境风险评估系统。该指标旨在评估企业经济活动可能导致的环境风险，并采取有效措施，避免和减缓环境影响和风险，或者在出现环境风险时终止对企业的贷款。第四，环保非金融服务。该指标评估企业的环保意识宣传活动。

（3）鼓励支持小微型企业从事环保产业或者环境友好型产业，支持发展清洁技术或开发新能源。美国采取了一系列的激励措施，促使低收入人群和小微型企业采用环境管理技术，激励其使用清洁能源和清洁产品。绿色小额贷款机构对从事绿色环保方面业务的小微型企业给予支持，每年投资150亿美元用于开发新技术，如先进生物燃料、太阳能风力发电、清洁技术等，鼓励其在全国范围内安装太阳能发电板、风能发电机和电动汽车电池等，这些措施为小微型企业的可再生能源贷款提供了新的行业和就业机会。这样一来，小额信贷机构不仅可以监督贷款对象的贷款用途，推动低收入人群享受清洁产品，同时还能在激励措施的作用之下，严格实行节能环保方面的审查，促使小微型企业在发展中寻求环境的可持续性。

四、日本绿色小额信贷实施情况

日本是一个经济大国、资源小国，日本政府在引导全社会走低碳环保道路发挥着重要的作用。日本现行的法律积极推动研讨环境变化的机理，把握人类活动对环境产生的影响，同时将绿色小额信贷纳入法律规范的范围，通过宣传教育，提高公民的环保意识。绿色小额信贷在日本的发展呈现出了多样化的特点。日本发展绿色小额信贷的具体措施有：

（1）建立和完善绿色文化。文化既是一种行为规范，也是一种道德规范，体现了借贷双方共同遵守的社会规范和行为准则。一直以来，日本都十分注重文化的建设。通过加强内部职工的环保知识的培训、加强绿色文化的宣传等手段，日本的绿色文化贯穿于整个经济、社会活动中。日本建立起的绿色文化，使生态环境保护成为日本的主流价值观；使抵制环境污染、支持绿色生活成为日本人自觉行动的基础；支持环保经济、防止环境污染成为日本人自觉的责任和义务。

（2）建立"绿色人才"储备机制。作为一个资源小国，日本的资源利用效率极高，这与它的人才储备政策是紧密联系的。首先，日本一直都很重视绿色人才的储备。不管是进行政策分析的管理人才，还是研发新能源、改进生产效率的人才，都是日本发展绿色小额信贷必须储备的。其次，日本一直十分重视人才的培训。日本政府甚至民间都有很多关于提高资源利用效率、减少环境污染的培训，这些培训有效提高了整个日本的资源利用效率，并通过知识的整合与交叉，为日本的技术进步做出了一定的贡献。

五、国外绿色小额信贷发展的特点比较

通过对孟加拉国、欧洲、美国和日本发展绿色小额信贷的实施情况可以看出，孟加拉国作为小额信贷的发源地，政府很早就意识到了小额信贷对环境保护的积极作用，但由于经济落后，其政府主要是增强公民的环保意识，并明确拒绝向一些典型的污染性项目贷款；欧洲作为绿色小额信贷理论探讨的先驱，

一直在围绕 MEPI 指标完善小额信贷机构的监管制度，并十分重视不同国家间的交流与合作。2008—2009 年意大利小额信贷在整个欧洲小额信贷行业中增长最为显著，取得了许多有效的经验。美国作为市场经济发达的国家，在发展绿色小额信贷的过程中，不断完善相关法律法规，并有专业的绿色小额信贷机构来管理。日本一直在绿色文化上下功夫，十分注重绿色人才的培养。它们发展绿色小额信贷的具体特点见表 6-1。

表 6-1　国外绿色小额信贷的特点

国家或地区	主要实施措施	特点
孟加拉国	政府主导，增强环保意识 利用排除条款，拒绝"三高"企业的贷款申请	绿色意识
欧洲	减少小微企业的生态足迹，严格控制环境风险 注重国际绿色合作与交流，提升整体环境水平	绿色指标
美国	完善相关法律制度，强制相关参与者履行环境责任 政策引导，促进绿色小额信贷的发展 贷前严格审查，降低环境风险 成立专业的绿色小额信贷机构 建立 MEPI 系统，综合评估小额信贷机构的社会责任	绿色法律
日本	建立和完善绿色文化 建立"绿色人才"储备机制	绿色文化

资料来源：熊园．海南省发展绿色小额信贷的对策研究 [D]．海口：海南大学，2016.

相比之下，中国近年来一直高度重视环境保护，随着经济的不断发展，亟待出台绿色小额信贷方面的法律，绿色文化与人才也较为匮乏。从国外绿色信贷发展的过程及发展成效可以看出，国内绿色小额信贷还存在以下三方面的不足：（1）法律完备程度不足。国外绿色小额信贷已形成较为系统的法律政策，有较强的法律约束效力。国内还没有形成关于绿色小额信贷的完整的法律体系。（2）小额信贷机构自身政策差距大。国外的绿色小额信贷普遍已经形成了适应本国环境法律条例的绿色小额信贷政策和信贷途径，而国内的绿色小额信贷还没有真正实现传统小额信贷向绿色小额信贷的转变，只是在向某些环保型企业提供贷款，将绿色小额信贷作为一种推进环保的公益性的事业，而并非小额信贷原则性准则。（3）绿色小额信贷产品创新不足。国外绿色小额信贷发展较早，推出了许多适合市场需要的金融产品和服务，而国内的绿色小额信贷相关产品和服务还比较少，但随着时间的推移，相关的产品和服务会越来越多。

第四节　绿色小额信贷发展的国际实践经验对中国的启示

党的十八大报告确立了"五位一体"的总体布局，提出"将生态文明建设融入经济建设、文化建设、政治建设和社会建设各方面和全过程"，生态文明建设的着力点是环境保护，我国当前已经将环境保护问题提升到战略高度，这为我国发展绿色小额信贷提供了良好的政策环境。我国金融机构应积极采取前瞻性的方法，在可行的情况下开始从事"绿色小额信贷"，做到以人为本的环境可持续发展。

绿色小额信贷是一种新兴的金融服务创新，要降低小额信贷机构参与环境管理的风险，避免或者减缓经济活动对环境的影响，那么，发展并健全中国绿色小额信贷制度就显得尤为重要。

通过以上对国际上具有代表性的绿色小额信贷实践经验的介绍，我们可以进行对比和总结，并将其与中国的情况进行对比，这将对中国发展绿色小额信贷业务有很好的启示作用。

一、不断提高国民的环保意识，大力发展绿色小额信贷

缺乏绿色意识是绿色小额信贷发展缓慢的最大原因。通过宣传、教育等方式，将我们的生活环境对社会发展、对个人发展的影响展现在公众面前，让公众意识到环境生存的基础，并且认识到现在已经到了保护环境的紧迫关头，从自身做起保护环境，提高公众的环保意识，将环保融入整个社会文化中。

小额信贷的参与者都是公众，社会上每个人都有了环保意识，那么小额信贷机构在发放贷款时，自然会考虑其对环境的影响，小微企业和农民在使用贷

款时，也会考虑到其对环境的影响。这样，绿色小额信贷的推行便有了广泛而坚实的群众基础与自觉性。

二、发展绿色小额信贷，顶层设计是关键，政府支持引导是支点

小额信贷最初的功能是普惠，主要功能还有扶贫，绿色借贷的关键目的在于环保，而绿色小额借贷则包含了这两项内容，涉及多部门、多领域的共同合作。绿色小额信贷的所有参与者，都会直接或间接对环境产生影响。发展绿色小额信贷需要政府部门和小额信贷机构通力合作，目前的发展机制是环保部门为金融企业发放贷款提供企业环保信息。但在实际应用中，各部门因为性质和承担的任务不同，很难有效融合。要解决这个问题，需要设计出一套顶层体系，使各参与者互惠互利，有效合作，进而促进整个绿色小额借贷行业的可持续发展成长。

对整个绿色小额借贷行业而言，政府机构处于监督者与鼓励者的地位。一方面，法律制度是确保小额信贷的供需双方履行自身责任的基本保证。国家和各省政府需要针对绿色小额借贷出台一系列有关制度，从而明确绿色小额借贷的法律定义，明确各参与主体的权利和责任，监管到位，规范绿色小额信贷的运行。当然，在制定相关法律法规的过程中，可以适当增加道义责任，强化社会责任。此外，政府机构还需要出台对应的财政制度，从而帮助绿色小额借贷快速成长。在发展绿色小额信贷的过程中，贷款供需方都会受到一定的约束，从而增加其成本，政府应建立配套的财税机制，在一定程度上弥补其损失。

三、以小额信贷机构为切入点，大力发展中国的绿色小额信贷机构

绿色小额信贷的发展不仅需要政府和小额信贷机构参与，同时也需要小微企业和农民等参与进来。但从目前的情况来看，政府作为切入点，不仅无法有效地推动绿色小额信贷的实施，还会增加政府的负担。小微企业和农民具有分散广、难以集中监管的特点，若以小微企业和农民为切入点，不仅无法有效监管，还有可能弱化小额信贷的扶贫功能。从可行性和可操作性上来看，以小额

信贷机构作为切入点是最佳选择。小额信贷机构相对集中，容易监管。国际研究和经验表明，小额信贷机构的环境政策、生态足迹、环境风险评估、绿色信贷和非金融的环保服务五个方面都会间接对环境产生影响。因此，发展绿色小额信贷，以小额信贷机构为切入点，政府可以通过适度调整和放宽对贫困人群提供绿色小额信贷机构的准入政策，降低进入门槛，强化监管约束，促进农村等贫困地区形成投资多元、种类多样、治理灵活、服务高效的绿色小额信贷体系，同时也可以引导小额信贷机构制定合理的环境政策、生态足迹、环境风险评估、绿色信贷和非金融的环保服务体系，从多个角度来保证绿色小额信贷的有效推行。

四、建立绿色小额信贷的环境影响和绩效评估系统（EIPA），注重国际绿色合作与交流

绿色小额信贷成为一个快速增长的现象，越来越多的小额信贷机构正在开发或计划开发环保产品和服务。环境影响和绩效评估系统是指将绿色小额信贷全过程纳入监督分析框架，并结合具体的环境考核指标对小额信贷管理层的表现和客户的经济行为进行综合评价，以评估系统的环保性能。评价主要包括事前分析、事中跟踪、事后反馈评价三个环节，其内容主要有经济活动环境风险预估、环保措施落实、生态足迹弱化和经济活动反馈。一般来说，在实际具体操作过程中，主要遵循四个基本步骤：活动对象识别、活动环境风险评估、环境风险缓释措施及根据经济和环境标准选择活动方式。

根据环境标准筛选和监测贷款，以便管理客户活动对环境的影响及避免支持高污染和（或）耗尽自然资源的项目。40个亚洲小额信贷机构（包括孟加拉国、印度、印度尼西亚、老挝、尼泊尔、巴基斯坦、菲律宾、斯里兰卡、泰国和越南等）的绿色小额信贷正在或试图建立一套环境绩效评价制度，在小额信贷体系内设置环境管理程序，在贷款筛选过程中采用环境准则，并且举行区域性的会议研究小额信贷和环境制定研究议程。

小额信贷评级机构也开始慎重地看待小额信贷机构的环保绩效。作为它们

的社会绩效评价产品的一部分，小额信贷评级机构已经确定了一些特殊的评估小额信贷环境责任的指标，这些指标包括环境政策的存在性、环境风险评估和筛选程序、监控客户端信用程序、员工培训和意识提高、详细的绿色小额信贷项目（可再生能源、可持续农业、环境卫生）的开发等。

五、不断拓宽绿色小额信贷机构的融资渠道

绿色小额贷款机构资金来源有三方面：一是政策性银行，二是碳收入，三是捐赠收入。

政策性银行指的是政策性金融机构在"赤道原则"的指导下，把环境保护理念、社会经济循环发展理念纳入其经济活动中，引导微型企业投融资，促使其在生产、加工和销售等环节"绿色化"；在有关金融机构信贷政策方面，对实施低碳农业项目或者在经济活动中遵守"绿色"理念的微型企业或农户实施低利率、再贷款和延长贷款周期等优惠政策，对环保产业中不易盈利或盈利甚微的行业进行政府补贴或银行贷款贴息。政府通过政策性金融机构的贴息、低息或无息贷款，给予发展低碳农业项目的农户、环保型微型企业以支持，引导整个社会的投资流向，从而调整产业结构。

碳收入，从理论上讲取代了传统的绿色小额信贷项目会产生的碳收入。借助某种交易机制，使这些碳排放量货币化，将会在每年的碳交易市场产生一些潜在的利益。小额信贷机构的"绿色金融服务"，间接改善终端能源利用效率和供应方能源效率，鼓励发展和使用清洁能源和清洁技术，促进客户生产或生活的"低碳化"，借助清洁发展机制，扶助发展或使用清洁能源和清洁技术的微型企业。对于小微企业来说，检查生产条件是否符合国家环保标准、排污指标是否合格等，这些对小微企业加快产业结构调整、淘汰落后生产设备、进行绿色生产将起到实质性的帮助，从而推动绿色生产生活和清洁技术产业的发展。

小额信贷捐助者和有社会责任感的投资者可能关心环境问题，并开始采用环保的排除列表和报告要求，但由于小额信贷机构所代表的投资额有限，通常降到限额以下的水平以进行系统的环境影响评价。而那些已经开发出的环保性

能标准并向小额信贷机构索要关于其报告的投资者和捐助者，这些标准代表了一部分尽职调查的要求，在实践中，这些标准一般不会伴随着任何真正的奖励或技术援助。

六、实施非金融服务

发展绿色小额信贷，应该把非金融服务看得和金融产品一样重要。银行和小额信贷机构可以组织环保主题的宣传活动，如组织客户植树、停止使用塑料袋、保持周围环境清洁等，并通过客户的宣传提高周围人对环境问题的认识。同时，小额信贷机构还要结合环保激励措施，鼓励客户进行环保的生产活动。主要激励措施有：第一，循环贷款，如果一个借款人有持续的贷款需求时，为了获得将来的贷款，他必须严格遵守小额信贷机构所规定的环保要求。如果客户违背贷款的环保要求，小额信贷机构将停止对该客户发放贷款。第二，利率奖励，绿色小额信贷机构给予守信者获得再次贷款的低利率政策。第三，其他优惠政策，比如给予守信者获得更大贷款份额的机会，以及获得信用升级和环保技术服务的优惠待遇。

七、建立风险控制体系

绿色小额借贷包含了扶贫和环保内容，但是并不能代表绿色小额信贷在发展的过程中可以不顾及经济利益；恰恰相反，整个绿色小额借贷行业的均衡成长，是在相关资金供给企业发展的基础上实现的，而绿色小额信贷发放机构的健康可持续发展需要良好的风险控制体系作为保障。一方面，政府主导建立小微企业和农民的绿色评价体系，包括借款人的基本信息、经济实力、履约情况等，以此评估借款人的信用等级。通过减少或预防违约风险，促进绿色小额信贷业务的持续健康发展。另一方面，政府针对绿色小额借贷的各类风险情况出台一系列补偿政策。允许同商业银行等金融公司共同创建风险补偿基金，及时弥补因自然灾害或者天气变化等自然因素导致农户无法还款所造成的损失。另外，可在金融监管机构的指导下建立灾害保险制度，分散环境风险，提高绿色小额贷款发放主体的抗环境风险能力。

　　绿色小额信贷机构可以根据低收入者和小微企业的需求，与政府部门共同建立有效的激励机制，对推行绿色小额信贷的机构实行奖励政策，鼓励低收入者和小微企业过绿色小额信贷向银行进行项目贷款。绿色小额信贷机构还可以结合相关环保激励措施，鼓励借贷者进行有利于环境保护的生产或者经营活动，可以通过循环贷款和利率奖励等政策措施提高借款者的积极性。在实践中，绿色小额信贷机构可采取对遵循要求开展活动的借贷者给予再次贷款低利率的优惠政策，或者给予其获得更大额度贷款的机会及环保技术服务的优惠待遇等。

第七章

数字普惠金融下数字小额信贷的创新发展

近年来，随着中国整体经济水平不断提高，金融供给侧结构性改革成为金融业当前的核心任务。同时，中国金融科技的快速发展促进了数字普惠金融在中国的迅速发展，为我国金融行业注入新的活力。数字普惠金融是一种让长期被现代金融服务业排斥的人群享受正规金融服务的数字化途径，能够有效降低交易成本及金融服务门槛，扩大金融服务的范围和覆盖面，促进行业的可持续性发展，使我国的整体经济结构变得更加合理。当下我国数字金融发展的主要对象为小微企业、农民、城镇低收入人群、贫困人群和残疾人、老年人等特殊群体。小额信贷是普惠金融系统中的一个重要因素，因此，小额信贷的发展创新对数字普惠金融的发展具有重要作用（闫浩月，2020）。本章将对中国数字普惠金融发展的历史沿革、数字化突破瓶颈、普惠金融下小额信贷的创新发展进行研究，并提出一些政策方面的建议。

第一节　数字普惠金融下小额信贷发展的相关研究

数字普惠金融是基于普惠金融可持续发展提出来的，数字普惠金融改变了普惠金融的经营理念，创新了其盈利模式和风控模式，能更加精准地解决社会痛点和难点问题。

2016 年，G20 杭州峰会首次提出"数字普惠金融"这一概念，并将其定义为：一切通过使用数字金融服务以促进普惠金融的行动。贺刚等（2020）认为数字普惠金融包含三个内容，即数字、普惠、金融。他们认为数字普惠金融是指以数字技术为手段，为广大金融服务匮乏的群体，提供低成本、便利的金融服务的创新型模式。Wibella 等将数字普惠金融定义为：无法享受到金融服务的人群通过数字方式获得的金融服务（徐婉，2020）。

国外学者认为数字化技术为小额信贷业务创新提供了新的发展道路。Vijayalakshmi 等（2017）认为至今为止整个交易领域是以现金为基础的，未来相当长时间内小额贷款机构面临一个突然向上大幅增长的趋势。虽然欧洲在金融领域有许多新的创新，但关于金融科技创新的讨论大多发生在小额信贷机构之外，相反，小额信贷创新发生在欧洲以外的发展中国家。研究还发现，金融科技创新在数字技术领域的最佳实践，可以用在小额信贷的广泛领域，比如移动支付。Kazeem 和 Olayiwola（2020）研究了尼日利亚数字银行、管理机会与小额贷款银行绩效的关系。

国内学者研究了目前的金融与大数据、云计算及人工智能等数字化技术的深度融合，认为这有利于提高金融服务的可得性和包容性，有利于解决金融排斥问题，更好地发挥普惠的作用。徐婉（2020）和秦洪涛（2016）研究了数字普惠金融环境下小额信贷的发展，认为农户与城镇低收入群体是普惠金融的目标人群，而当下的金融服务还远不能满足其需求。在数字化技术推动下，小额信贷业务的发展和相关征信体系的完善，有望打通金融服务的"最后一公里"。李梦思（2017）对基于区块链的扶贫小额信贷信用风险管理进行了研究。研究结果显示，区块链系统是扶贫小额信贷信用风险管理的一种有效方法。区块链系统能有效降低小额信贷机构的风险管理成本，提高贫困户的信贷可及性，减少彼此之间的信息不对称程度，减少逆向选择的发生；区块链扶贫体系的高度包容性使贫困户违约成本极高，能有效降低违约风险，有效促进小额信贷扶贫的健康发展。伍丁姣（2018）运用比较分析的方法及定性和定量分析相结合的方法，从数字普惠金融视角分析小额信贷金融创新带来的成效，研究发现，浙江网商银行通过对小额贷款的大胆创新，使信贷成本与风险均有降低，不良贷款率低于四大商业银行。张春莉（2019）基于国际小额信贷的启示，对中国农村普惠金融之法治路径进行了研究，认为在国家大力推进乡村振兴战略的背景下，推动农村普惠金融的数字化和法治化建设，不仅有利于提高农村弱势群体的金融可得性，实现金融公平和正义，更有利于从根本上解决金融业存在的结构性、体制性、素质性等方面的问题。徐婉（2020）、胡璇（2020）对数字普惠金融背景下的小额信贷金融创新进行了研究，认为数字技术的加入，打通了各个交易链条，拓宽了金融服务的范围，打破了"信息孤岛"。浙江网商银行的数字化创新让其同时兼顾了财务绩效和社会绩效，实现了自身的可持续发展，对后续金融机构践行数字普惠金融具有参考意义。蒋亮等（2021）在普惠金融视角下对小额信贷存在的问题及其原因进行了研究，并提出了对策建议。蒋瑞琛和瞿艳平（2022）对农村数字普惠金融的生成、短板与发展路径进行了实证分析，研究发现，当前农村数字普惠金融尚处于持续发展中，在供给侧、需求侧、介质载体和可持续发展等方面均存在短板，农村数字普惠金融的高质量发展要通过改善供给侧结构、挖掘需求潜能来实现。

以上对国内外数字普惠金融下小额信贷发展的综述可见，国内外对于金融机构信贷业务的创新研究较多，而小额信贷作为普惠金融的重心，相关的创新研究仍处于探索初期，研究较少，有进一步探讨的价值。近两年来数字普惠金融研究迅速增加，从目前国内外学者有关文献中可以看出，互联网、云计算及大数据等数字化技术将零散的信息和资金分布以数据形式聚集起来，能够为更多边缘人群提供金融服务；同时，利用数字化技术创新小额信贷品种，降低信贷成本，提升风控体系，争取早日完成普惠金融的"普"与"惠"的理想。现如今，在我国"数字中国"和"新基建"的背景下，我国金融监管机构也鼓励金融机构在合法合规的前提下进行金融创新。因此，加大对数字普惠金融与小额信贷创新的研究力度正当其时。

第二节　数字普惠金融下小额信贷的发展及其创新现状

一、数字普惠金融发展沿革

在数字普惠金融的早期阶段，传统的金融机构主要有网上银行等线上业务，简化了实体网点及人工服务。随着互联网的快速发展，可移动设备的普及带动了移动支付的快速发展，原先线下的金融服务开始不断转移到线上，通过互联网平台来进行交易，主要的模式有网络银行、移动支付等。随后，普惠金融在支付领域取得了重大的突破。金融领域利用数字化技术进行了许多的创新，比如肯尼亚的 M-Pesa（当地运营商提供的手机转账业务）在当地取得了巨大的成功。中国传统的商业银行也联合银联推出了云闪付等实时移动支付系统，更加方便快捷；同时商业银行也借助电子银行平台为用户提供贷款服务、理财服务、咨询服务等金融服务。对于当下的这一金融创新的模式，更广为人知的名字是"金融科技"（Fintech）。数字普惠金融的一大特点是数字化技术结合金融服务创新，科技进步与金融的融合逐渐形成了新的发展趋势（王曦，2020）。

随着大数据、云计算与移动互联技术的迅速发展，普惠金融有望通过数字化手段实现可负担与可持续发展。2016 年，二十国集团（G20）领导人峰会通过了《G20 数字普惠金融高级原则》等文件，数字普惠金融的发展步入新阶段。数字普惠金融的服务内容由基本的小额信贷扩展到储蓄、支付、保险、理财和信贷等金融产品和服务（秦洪涛，2016）。凭借大数据、云计算、区块链等新数字化技术的驱动进行金融服务创新，更好地解决传统金融覆盖面窄、边缘人群得不到金融服务的困境，从而实现普惠金融的目标。近几年，数字化技术在金融行业的逐步应用，拓宽了传统金融机构开展业务的渠道，有效地降低了机构经营成本，数字普惠金融的边界在不断拓展。

二、小额信贷和数字普惠金融的关系

中国最早的普惠金融模式之一是以带有扶贫性质的小额信贷为主的模式，小额信贷是中国普惠金融事业的关键组成部分。现今小额信贷已经发展成为扶

持农户、小微企业及创新创业的重要的金融手段，在普惠金融发展中扮演了极其重要的角色。从小额信贷到普惠金融，从普惠金融到如今正在迅速发展的数字普惠金融，最初单纯的小额信贷业务发展成了如今更加方便快捷的数字普惠金融模式。随着数字化技术的进步和金融科技的更新，数字普惠金融相较传统普惠金融，在模式上发生了大的变化，原有的小额信贷主要通过各小额贷款公司及一些金融机构的营业场所进行，需要较高的运营成本及人员工资等人力成本。在为农民、个人、低收入群体等弱势群体提供金融服务时其风险也会较大，导致金融机构小额信贷业务经营的可持续发展较为困难，同时由于地域限制，覆盖范围较小，小额贷款的金融服务的可获得性较低。而数字普惠金融凭借数字化技术，让传统的金融服务不再受到地理位置的限制，提高了服务的可获得性。

随着 5G 网络架构在中国的迅速铺开，数字普惠金融可以迅速扩大服务的覆盖面，使金融服务的地域范围不断变大，尤其是在农村地区和城郊地区，数字普惠金融在很大程度上改变了原有小额信贷业务的模式，不再需要通过固定的营业场所办理业务，只要有移动设备就可以获得金融服务。

最后，数字化技术，特别是金融科技正在加速改变或融合新的金融业态模式，这种金融创新不断更新小额信贷的产品、服务和经营模式。在这种趋势中，金融机构面临的发展环境变革和挑战是前所未有的。机构要基于自身特性主动拥抱这一长期趋势，增强竞争优势。在数字驱动下，金融机构可依据自身发展阶段和业务形态进行金融科技的研发，从三个层次进行金融创新：一是机构内部业务和管理优化；二是金融产业链上下游的业务贯通；三是"金融—经济—科技"开放式生态圈的塑造（王曦，2020）。

三、数字普惠金融环境下我国小额信贷业务创新的现状

当下我国数字金融发展的主要对象为小微企业、农民、城镇低收入人群、贫困人群、残疾人、老年人等特殊群体。普惠金融产生的目的是能够快速、有效、便捷并且全方位地为社会中的每一个阶层及群体提供满意的金融服务。近

年来，随着互联网络技术的快速发展，借助计算机的信息处理、数据通信、大数据分析、云计算等一系列相关技术在金融领域的应用，数字普惠金融的内容变得更加丰富，其服务内容由基本的小额信贷扩展到储蓄、支付、保险、理财和信贷等金融产品和服务。但普惠金融中最重要的金融业务仍是小额信贷。小额信贷指的是向低收入群体和微型企业提供的额度较小的持续信贷服务，其基本特点是：额度较小、无担保、无抵押、服务于贫困人口。我国虽在早期就引入格莱珉银行小额信贷模式，市场上也存在的大量村镇银行、信贷公司、资金互助社及借助互联网平台的网络信贷公司、网络借贷信息中介等向中低等收入人群体提供服务的机构，但因监管措施、运行机制等方面的原因，小额信贷并没有达到预期的理想结果。我国小额贷款企业数量同比增长自 2010 年以来不断下降，从 2017 年起进入负增长（闫浩月，2020），直到 2018 年这种情况才开始好转。追究其原因，王曦（2020）认为一是我国对于小额贷款公司的监管不断加强，二是小额信贷公司发展受规模、资金来源等因素限制，后继乏力。2018年开始，随着互联网和数字化技术的进一步发展，中国的互联网产业开始高速增长。而小额贷款公司利用大数据、云计算等数字化技术加强了风险控制能力，降低了信贷成本，使其利润增长、规模增大。

目前，面向农户与城镇低收入群体提供小额信贷的机构数量众多，业态也较为丰富，既包括以商业银行、城商行、邮储银行、农村信用社为代表的传统金融机构，也包括村镇银行、小贷公司、资金互助社等新型金融服务机构，还包括网络小贷公司、网络借贷信息中介等互联网金融企业。但是，机构面向城镇低收入群体与农户提供的小额信贷还远远不能满足需求。秦洪涛（2016）认为数字普惠金融环境下小额信贷的现状表现为两点：一是城镇地区的数字普惠金融服务业务模式初步形成；二是农村普惠金融服务的业务模式还处在探索中。

面向城镇低收入群体与农户的数字普惠金融服务具有明显不同的业务特征（见表 7-1），呈现出不同的发展模式。

表 7-1　面向城镇低收入群体与农户的数字普惠金融服务业务特征

项目	城镇普惠金融服务	农户普惠金融服务
客户特征	单个客户服务成本相对低，客户数字化程度高	单个客户服务成本较高，客户数字化程度低
数字普惠金融环境	城镇地区数字普惠金融基础设施良好，征信体系相对完善，尤其是数字征信环境良好	农村地区数字普惠金融基础设施薄弱，征信体系相对欠缺，数字征信还处于建设初期
业务模式	技术与数字驱动，"纯线上＋数字征信＋大数据风控"模式已经初步形成	依托网点与人工，"互联网金融＋基层党组织＋精准扶贫"模式正处于探索期

资料来源：秦洪涛．数字普惠金融环境下小额信贷的发展［J］．清华金融评论，2016（12）：43-45.

目前我国小额信贷的品种较为单一、服务覆盖面不高，导致以现有的服务规模无法满足社会各阶层的小额信贷需求，也面临着许多发展阻碍。首先是金融排斥问题。处于农村偏远地区的个体户、农户及处于城郊区域的小微企业等弱势群体的小额信贷需求得不到满足，导致小额信贷发展缓慢。其次是存在着信息不对称问题，信息获取难度大。最后是交易成本较高。小额信贷面对的受众多、业务量大，但贷款额往往较小，商业银行此时往往会选择放弃这种业务（王曦，2020）。

随着普惠金融发展的浪潮，结合中国数字化技术的进步，利用移动设备端和 PC 端参与金融服务已经成为当下流行的趋势小额信贷面临的难题，可以利用创新的模式和数字化的理念去解决，以数字化技术突破传统小额信贷瓶颈。王曦（2020）认为数字化技术突破传统小额信贷的瓶颈可以分为三个方面。第一是利用数字化技术加速融合线上和线下业务。随着数字普惠金融的覆盖面不断扩大，更多的客户群体将具备数字意识，那么未来线上线下业务的融合将会成为发展的大趋势，从而提升小额信贷业务的普惠性。第二是利用数字化技术为客户提供差异化的定价及金融服务。随着大数据的发展，大量客户的数据将被收集整理分析，金融机构将会利用这些大数据提取变量进行交叉分析，建立各客户行为模式和风险特征的信用模型，这样便可针对客户提供差异化的定价及金融服务。第三是随着中国数字化技术的快速发展，传统金融机构将会大面积拓展其服务的范围，利用数字化技术把服务下沉到广大的农村市场与县域城市市场，将拓展小额信贷业务的广度和深度，金融机构在提高了对这些边缘人群的服务能力的同时，也获取了大量的长尾客户的数据资源。数字科技的进步导致数字普惠金融的价值日益凸显，在获取客户信息、收集征信信息、开发风险控制模式、信贷审批机制等方面都催生了一批技术先进的金融科技公司。最后，随着数字化技术的进步与发展，金融科技潜移默化地改变了人们日常使用金融服务的观念，由线下逐渐转为线上，这对于小额信贷来说无疑是最好的消息，金融机构通过大数据、云计算对客户的相关信息进行建模分析，刻画每位客户的信用画像，这样便可以直接在线上开展小额信贷业务。

数字普惠金融的发展极大地提高了中国金融服务行业的基础设施建设的整体水平，不仅满足了不同客户的个性化需求，同时也降低了金融服务行业提供金融服务所需要的成本，带动了金融行业的进一步创新及发展。其不仅对金融行业造成了重大影响，对于中国社会的进步也起到了较大的推动作用。我们相信中国的数字普惠金融在未来会发展得越来越好，普及范围及服务质量将会有显著的提升，有望打通金融服务的"最后一公里"。

第三节　数字化技术下小额信贷业务发展及创新建议

从上述内容可见，数字普惠金融改变了普惠金融的经营理念，创新了其盈利模式和风控模式，未来可以将数字化技术作为发展的基础，稳固并提升小额信贷的可持续发展。可以预计，数字普惠金融应该利用数字化技术来进行技术创新，持续地为中国农村偏远落后地区群体、个体户、中小微企业提供金融服务，同时积极争取具备技术优势的高新数字技术企业，鼓励它们利用自身的资源融入普惠金融的大家庭。相信在政府和金融行业内各机构的共同努力下，中国的普惠金融发展将迈上新台阶，创造开放、共享、包容、平等的金融环境，促进完善数字普惠金融体系，实现金融的健康可持续发展。

一、政府层面推动数字化技术下小额信贷业务创新的建议

（一）利用数字技术完善个人和社会信用体系

目前数字信用评分机构已经初步发展起来，也取得了一定成效，但要想实现质的飞跃，需要政府建立多维度的个人信用评价指标。如今我国的数字化信用评分机制发展迅速，数字化技术给当前的征信体系提供了巨大的帮助。政府应该不断鼓励数字化技术的应用，出台相关的政策法规鼓励各类机构组织合作，鼓励它们利用大数据技术来采集信息并且联合起来，通过建立一个庞大的数据库，来收集信用评分。这样不同的机构组织就能够收集到广泛的数据，同时从多个维度、体系来评估客户的信用。因此每一家征信机构都应具有共享意识，通过在数字化技术上的合作来打造一个完善的评分系统库。政府机构应主动打通数据共享的高速通道，合力提高征信体系的整体水平，让征信问题不再成为普惠金融发展的拦路虎。

（二）实施数字普惠金融配套支持政策

降低对农村地区金融机构的准入门槛，鼓励金融机构利用数字化技术发展网络平台服务，进入农村市场，在提高服务质量的同时，也应当规范化地管理金融机构的小额信贷业务。其次，政府应当鼓励金融机构利用数字化技术，通过线上模式，将资金用在需求高、位置偏远的落后地区，利用网络平台及线上运营来降低物理网点的营业成本，增加偏远地区的金融服务，降低金融排斥程度。最后，对于开展普惠金融工作的金融机构，政府应给予一定的政策支持。例如，运用"支农支小"再贷款等政策工具；设立普惠金融专项资金；对属于普惠金融贷款的贷款利息给予少征等福利。同时，配合普惠金融机构进行产品模式创新，建立"政府＋银行＋保险"的小额信贷风险共担模式，减轻金融机构面临的风险压力。

（三）利用数字化技术健全数字普惠金融体系

政府应当不断地利用数字化技术来健全数字普惠金融体系，而数字普惠金

融体系的建设难点在广大的农村地区。在农村地区，如果能做到合理的资源分配，就能在很大程度上促进数字普惠金融的发展，完善数字普惠金融体系。其方式主要有以下两点：第一，通过数字化技术整合农村金融机构的资源。政府应当利用数字化技术摸清当前农村金融机构状况，将农村金融机构纳入数字建设体系中，从机构的业务发展、地区数量、产品类型等方面来评估农村金融机构的底子。对于那些有交叉融合的业务，应当进行及时的整合、优化，合理调整资源。同时，对于具备差异化的业务竞争，应当鼓励相关金融机构通过差异化竞争来提高机构的服务质量和水平。第二，要防范金融机构盲目进军农村地区，为了避免资源的浪费，政府应当利用数字化技术来合理、合规地划分全国农村金融机构的布局，时刻警惕其进行不合法的竞争，通过激励机制鼓励金融机构布局农村。

（四）建立健全数据立法并利用数字化技术加强金融监管

目前数字普惠金融还处于起步阶段，国家应当尽快立法，从法律层面来加快我国普惠金融发展进程，加快推进大数据相关立法进程，对数据的开放、共享和保护进行立法；对民间高利贷等不法现象坚决予以取缔，避免灰色交易。通过立法的手段，促进小额信贷公司的业务经营合法合规，同时要明确小额信贷机构主体的权利义务，让小额信贷机构同样可以享有传统金融机构的待遇政策，给予金融机构正确的引导，以期形成良好的市场法治环境。在激励机构合规运营、稳定行业健康发展方向时，不能区别对待。

政府应当建立合理的监管方式来达到风险和创新的平衡。第一，门槛准入限制，必须对准入门槛加以严厉的控制，不能放过任何一个坏源头。第二，应加强对金融机构的事中监管。借助数字化技术更新监管手段和监管方式，利用数字化技术进行远程监控监督，完善风险监控识别系统，及时防范预警，利用数字化技术来实现风险防范。第三，培养监管型数字人才，提高监管人员的技术水平和职业技能，不断提升监管人员能力，跟随数字普惠金融发展浪潮来创新监管。同时，监管部门应该着重关注非正规互联网金融的野蛮生长，利用互联网技术对其进行动态监管，以防消费者遭受损失甚至金融风险的发生。在保护消费者隐私方面，政府要严厉打击未经客户同意而泄露其信息的行为，对这种行为做出处罚。利用数字化技术加强金融监管，能够在一定程度上促进我国商业银行和小额信贷机构健康长久发展。

二、对金融机构层面利用数字化技术进行小额信贷业务创新的建议

（一）加强机构间合作与健康商业生态圈的构建

在数字普惠金融背景下，客户期待能随时随地以最佳的方式享受金融服务，客户的需求也从以往单独割裂的状态演变成高度联通的局面。与此同时，大量长尾客户也需要同样的金融服务。要想实现这个目标，就需要金融机构与商业生态圈各企业建立联系。银行借助开放 API 等技术，以数据共享为本质，共享的内容是客户由支付、储蓄、信贷等行为产生的数据，以平台合作为模式，银行可以将不同的商业生态嫁接至平台之上，从而间接为客户提供各类金融服务，形成共享、开放的平台模型。这种合作模式不仅可以拓宽客户来源渠道，还有助于多维度识别客户信用风险。

（二）利用数字化技术加强消费者保护

在数字普惠金融环境下，数字化技术既可以用于增强自身的经营能力，还应当用于保障消费者的权益。尽管金融机构通过数字化技术降低了成本，以便捷的方式从不同的数据源获取了用户数据，但应当警惕数字化技术这把"双刃剑"，以数字化技术手段保障用户信息安全。一方面，不断加强底部数字化技术的架构，提高平台安全性，防范黑客利用程序漏洞非法盗取用户信息。另一方面，不断完善数字画像技术，加强内部控制，警惕内部人员利用个人权限及其专业数字化技术水平，恶意泄露用户信息。其次，通过积极主动的宣传，来加强用户防范风险的意识、提高用户的警惕性，并且通过不同渠道的宣传方式，如客户端宣传、网页宣传等，让用户能够甄别风险，主动远离风险。

（三）金融机构提高数据收集整合能力，其业务可以逐渐转移至线上运营

我国普惠金融已发展多年，但目前仍没有看到爆发的态势。普惠金融之所以难以推进，主要原因还是服务对象缺乏信用数据，其信用风险难以把控。因此，今后开展普惠金融业务时，核心任务还是去挖掘更多与客户有关的信用数据，了解其风险状况。而在没有数据的情况下，金融机构可以想方设法把客户的行为线上化，从而以数据的形式呈现。在如今的互联网时代，传统金融机构应该结合自身优势，尽力挖掘新技术所能带来的优势。但是，转移为线上运营并不是把业务简单地从线下搬到线上，而是利用大数据、云计算的优势，给客户做多维度的金融画像，识别客户需求，再对线上业务进行创新，从而实现精准营销。

（四）培养数字化技术人才和创新能力

数字普惠金融时代必须加强数字人才的培养。第一，训练数字化技术人才，加强技术人才的实操能力，拓宽网上平台的发展，吸引更多的人才参与数字化创新。第二，及时地更新数字化技术手段，使金融机构能够更好地提升数据处理能力，做到综合化、全面化地处理数据。第三，应当及时淘汰陈旧落后的技术和硬件设备，拓宽数字化技术的发展道路。第四，创新各类金融产品的类型，完善各类金融产品品种条线，做到全方位地满足客户的需求，进而增加自身的竞争力。第四，应当以积极主动的方式进行小额信贷业务创新，拒绝传统金融机构被动式的贷款模式，并积极主动地跟其他企业进行合作，主动改变营销模式，扩大金融服务范围，从城市走向农村，扩大业务经营范围。

（五）防范数字化技术带来的新风险

在大数据时代，要想用数据为普惠金融赋能，数据安全是其重要前提。首先，在数字普惠金融环境下，尽管数字化技术能带来优势，但也应该警惕数字化技术带来的技术漏洞和黑客攻击等问题。可以建立一个全方位的风险监控体系，能够及时应对技术漏洞导致的突发情况，上到银行整体、下到员工个人，都必须树立数字化技术是一把"双刃剑"的意识。金融机构还应当通过日常的训

练，提高员工的自身素养和应对风险的能力，完善日常的风控措施，将数据安全意识深深嵌入日常工作中。其次，应当事前制定风险应急方案，当发生设备故障、非法侵入等问题，致使用户个人信息丢失或者遭受技术窃取时，应当具有快速高效的应对能力。再次，是防范硬件风险，比如可能会出现机器故障等突发情况，应当更新硬件设备，提高其运行能力，能够全天 24 小时不间断地储备、更新用户信息，以应对突发事件导致的数据永久性遗失。最后，应当加强对风险事件的监管，做到全天 24 小时监控，从源头处杜绝风险发生。

第八章

数字绿色背景下可持续发展小额贷款公司的策略建议

在当前复杂的经济形势下，小额贷款公司的发展也面临着挑战。金融创新拓宽了小额信贷的新渠道，在数字普惠金融时代，数字化技术的出现改善了传统金融机构的内部矛盾问题，金融机构的服务深度和广度与经营持续性难以兼顾，这是影响普惠金融发展的难题（王曦，2020）。要很好地解决普惠金融发展中面临的不持续问题，政府及有关部门应加大关注和引导，帮助其规避风险，平稳、较快、健康地发展。根据上述的调查研究分析，本章从影响小额贷款公司可持续发展的关键影响因素出发，结合国内外小额信贷发展的经验教训，从改进和完善顶层制度设计（基于可持续发展绩效维度）、提高小额贷款公司经营管理水平（基于运营技术、财务状况维度）和改善小额贷款公司发展的外部环境（基于外部环境维度）三个层面提出政策建议，力求对当前小额贷款公司的可持续健康发展做出有益的探索。

第一节 改进和完善小额贷款公司的顶层制度设计

一、科学理解小额信贷的本质与定位

任何金融创新必须服务于和根植于它所依附的经济基础。当前农村的经济特点与发展结构要求我们对小额信贷金融形式有与时俱进的思考与认识。显然，浙江省是全国农村经济最为发达的省区市之一，扶贫与温饱客观上已不是农村工作的重点，而支持民营中小微企业创新与推进新农村建设更上一层楼才是金

融在当前与未来创新发展的基本出发点。有鉴于此，尽管"扶农助小"依然并始终是浙江小额贷款公司及其所开展的小额贷款活动的最基本的经济、政治、法律和道义支点，但它应及时拨开扶贫的面纱，名正言顺地开展浙江农村经济真正需要的特色金融服务。在浙江农村这片充满神奇的土地，至少到目前为止我们可以认为，大规模服务于弱势群体（含"三农"相关主体，如农村、微小型企业及业主，但不一定是传统意义上的穷人）和争取贷款机构自负盈亏这两个目标是可以同时达到的。所以，一方面，我们要坚持与已有银行体系错位发展的思路，继续强调小额信贷特定的服务群体及这个特殊市场所需的特殊经营方式，让政策和监管措施能够落到实处，不偏离金融创新的初始目标[1]；另一方面，要巩固小额信贷的可持续性，并不再局限于已有的国际经验，坚持以市场化原则为导向，加快经营策略和经营目标的转型升级，加快由政府（政策和补贴）依赖性向市场公平竞争谋求生存与壮大的转变，进而在这个特色领域促进小额贷款公司的可持续成长。

建议国家相关部门针对小额贷款公司的区域背景情况和发展特点，尽快制定适应其规范发展的法律，并出台相应的小额贷款法律，确定小额贷款业务操作规程和标准，给予小额贷款业务清晰的监督管理尺度，推动小额贷款公司进入健康有序的发展轨道。将小额贷款公司作为开展金融业务的组织进行扶持和管理，同时对准入制度、监管制度、会计财务制度、内部管理制度、退出机制等相关问题进行梳理和规范。对小额贷款公司业务的开展，各地方政府、有关部门应参照新型农村金融组织统一对待，从而使小额贷款公司享受其他农村金融的各种同等待遇，为其可持续发展提供法律保障。

二、理顺监管体制，创新监管方法，加强监测引导

目前，小额贷款公司还处于起步成长期，必须通过强化监管协调、完善监

---

[1] 小额贷款公司应坚持"小额、分散"的原则，原则上贷款余额的 70% 应用于单户贷款余额在 100 万元以下的小额贷款及种植业、养殖业等纯农业贷款，其余部分单户贷款余额最高不超过小额贷款公司资本净额的 5%。

管机制等方式引导小额贷款公司健康持续发展。

首先，强化监管协调，健全监管体系。按照"谁审批、谁承担小额贷款公司的风险处置责任"的原则，由地方政府部门负责监管辖区内的小额贷款公司，同时加强与政府、人民银行、银监部门、工商部门的配合，建立以小额贷款公司内部控制体系为基础、相关监管部门的专职监管为核心，公众社会监督为补充的监管体系。分工明确、各负其责、多方联动、协调一致的日常监管机制，能够引导小额贷款公司完善现有的关于资金管理、风险拨备、风险补偿等内控制度，确保小额贷款公司规范经营，防范金融风险。此外，坚决杜绝放高利贷、洗钱等金融违法活动。强化社会监督，借助各种媒体，广泛宣传小额贷款公司的业务，来提升借款人的信用意识，加强互相监督，积极探索地方政府监管小型或准金融机构的模式。

其次，创新监管方法，实施非审慎性监管。目前，国际上对不吸收公共存款的小额贷款机构实施非审慎性监管，关键是要有明确的监管目标、监管原则、监管措施和可以胜任的监管力量。监管部门的主要职责是为小额贷款公司制定行为准则（如信贷业务准入、客户保护、利率政策等），而不是直接监管其经营行为。这既节约了监管成本，解决了监管力量不足等问题，又可以保护小额贷款公司的活力。实行现场和非现场监管的有机结合，不定期对小额贷款公司进行现场监督检查，完善非现场监管水平，定期对相关资料如财务报表、贷款审批表、相关数据等进行跟踪，实现非现场监管的远程预警能力，及时发现、解决问题。

最后，加强监测引导，发挥民间行业协会的作用。完善对小额贷款公司的监测制度，建立全省统一的高效的采集和报送渠道，加强对小额贷款公司的信贷风险监测。加强数据分析能力，及时发现风险隐患。充分利用农村现有的金融预警系统，及早介入辅导及强化管理模式，促进其及早改正其经营缺陷、降低经营风险。在强化政府等相关部门监管协调的同时，可充分利用已成立行业协会，加强业务指导与政策宣传，建立畅通的协调联络机制，督促小额贷款公司合规经营。

三、利用数字技术完善个人和社会信用体系，实施数字普惠金融配套支持政策

如今我国的数字化信用评分机制发展迅速，数字化技术给当前的征信体系提供了巨大的帮助。政府应该不断鼓励数字化技术应用，出台相关的政策法规鼓励各类机构组织合作，建立多维度个人信用评价指标，通过在数字化技术上的合作来打造一个完善的评分系统库，让征信问题不再成为普惠金融发展的拦路虎。

鼓励金融机构利用数字化技术发展网络平台服务，进入农村市场，在提高服务质量的同时，规范化地管理金融机构的小额信贷业务。利用网络平台及线上运营来降低物理网点的营业成本，增加偏远地区的金融服务，降低金融排斥程度。同时，对于开展普惠金融工作的金融机构，政府也应给予一定的政策支持。例如，运用"支农支小"再贷款等政策工具；设立普惠金融专项资金；对属于普惠金融贷款的贷款利息给予少征。

四、建立小额贷款公司可持续融资通道，实现适度的金融支持（拓宽融资渠道）

建立可持续的融资通道是实现小额贷款公司持续发展的前提和基础。建议开辟融资渠道，支持服务"三农"和小微企业成效显著、内控制度健全的小额贷款公司实现资金来源的多样化。

（1）提高向银行业的融资比例。国外运作良好的微型贷款机构的融资杠杆比例可高达10倍甚至几十倍。而我国现在担保公司的杠杆倍数是5倍，小额贷款公司的杠杆倍数仅有0.5倍，实在太低。对于服务"三农"和小微企业的小额贷款公司风险管理突出的，经考核评价后，可以逐步提高其融资杠杆比例，比如资本净额的1~3倍等。

（2）可对优秀小额贷款公司开放各类金融市场。小型贷款公司具有很强的放贷专业技术，但需要从货币市场获得大量的资金。建议央行向合规经营的、

考核合格的优秀小额贷款公司，开放银行间拆借市场、再贷款、短期与中期票据、储蓄机构批发、政策性机构批发、委托贷款等业务资金支持，增加其融资渠道。

（3）组合贷款。所谓组合贷款，就是小额贷款公司与商业银行合作发贷。比如，银行给小额贷款公司 2000 万元的额度，让小额贷款公司替银行包发包收。一个服装企业要借 100 万元的贷款，小额贷款公司可以出 50 万元，这部分资金按照小额贷款公司的利率收取利息，而剩下的 50 万元从银行的 2000 万元额度里出，银行按照基准利率收取利息。交易中，银行给小额贷款公司一定的手续费，贷款风险完全由小额贷款公司承担。

（4）债务重组。所谓债务重组，是指将贷款的债权通过银行和信托渠道，做成理财产品，出售以后迅速回笼资金，以此循环。用这样的办法，可以迅速放大小额贷款公司的资金总量，从而寻找更多的获益机会。小额贷款公司出售贷款债权，是债务重组，而不是资产证券化，这也是在政策允许范围内拓展融资渠道的一种有益探索。

（5）批发性贷款。国际上一些成功的小额贷款机构，很多都利用了来自国际组织或是国家政策银行的批发性贷款。尝试建立小额贷款基金，负责批发资金给小额贷款公司，以解决其后续资金不足的问题。

五、明确小额贷款公司的发展方向

明确小额贷款公司的未来发展方向，可以增强人们创办小额贷款公司的积极性。根据上述对小额贷款公司未来前景和转型路径的分析，未来可选择的发展模式有如下几种。

（一）"专业贷款零售商"模式

专业贷款零售公司是指拥有规范的公司治理结构，能从正规金融机构低利率批发资金，然后投放于实体经济，专营贷款的"批发"与"零售"、有特定市场定位的商业化经营公司。此类贷款公司主要为小微企业和个人提供短期贷款，其区别于常规金融机构的特点在于"只贷不存"的运行机制。

小额贷款公司要发展成为专业的贷款公司，需明确三个方面问题：

首先，产权主体问题。从小额贷款公司到专业贷款公司，必须明确其产权主体是民营，不能发展成由政府"兜底"的贷款公司。

其次，市场定位问题。"小额、分散"应该是小额贷款公司发放贷款的首要原则。

最后，资金来源问题。制定合适的标准，选取部分经营良好的小额贷款公司，解除其向正规金融机构融资的限制，给予其批发贷款的权力。

（二）"社区民营银行"模式

社区银行是指在特定地区范围内组建并独立运营，主要为当地中小企业和个人客户提供个性化金融服务，并保持长期业务合作关系的小银行。发展社区民营银行，形成与县域经济相匹配的专业特色金融服务，有利于金融支持欠发达县域"三农"、小企业和小微企业的发展，与国家政策导向一致。

小额贷款公司发展成为"社区民营银行"需明确三个方面问题：

首先，"民营"的产权主体。允许民营资本投资兴办小额贷款公司并逐步向民营银行转变。适当允许由符合条件的自然人作为主发起人的小额贷款公司直接筹建民营银行。

其次，实现"可贷可存"的运行机制。严格制定标准，选择部分小额贷款公司作为"可贷可存"试点，发展成为服务于县域的小型金融机构，即"社区民营银行"。

最后，鼓励"贷小"的政策倾向，并且鼓励小额贷款公司发展与当地产业特色相匹配的特色运营模式，适当发展其成为服务县域经济、"三农"经济的专业银行。

（三）"银行托管"模式

银行托管小额贷款公司是指为了防止小额贷款公司直接吸收客户存款所产生的风险，小额贷款公司的业务系统与银行托管系统联网，客户虽然可以直接在小额贷款公司存款，但资金实际上由商业银行托管。银行托管的贷款公司模式可以扩大小额贷款机构的资金来源，解决小额贷款公司的信息公开问题，从而使小额贷款公司演变为一个纯粹的营销机构和决策机构，资金的管理权则委托银行行使，其实际上已发展成为银行的一个营销网点，本身已不是完全意义上的小额贷款公司。这也是一种发展演变路径，但不如前两种那样前景明确、独立经营，因此在前述发展前景中并未将这种模式列入。

小额贷款公司吸收客户存款的流程为：客户将资金存入小额贷款公司，资金通过小额贷款公司的网络系统交由银行托管，网络系统确认托管后小额贷款公司方可向客户出示存款凭证。这种存款具备小额贷款公司和银行双重确认的优点，可以保证小额贷款公司规范操作和客户资金的安全性。

客户提取存款和小额贷款公司发放贷款的流程为：小额贷款公司向银行发出指令，银行进行形式上的审核，在存款额度范围内支付资金。客户还款的流程与存款的流程类似。这种方式可以保证资金安全和信息透明，便于银监会及时掌握小额贷款公司的经营状况，并及时采取监管措施。

银行托管模式可以作为传统的不吸收存款的小额贷款公司和银行类金融机构之间的过渡形态。对于资金实力和管理水平达不到要求的小额贷款公司，仍实行传统的"只贷不存"的管理规定；而对管理较为规范、资本较为充足的小额贷款公司，可以批准其吸收存款，并试行银行托管模式；银行托管模式较为成功的小额贷款机构，还可以逐步发展为专注于小额贷款的地方性商业银行，资金不再交由其他商业银行托管。

第二节　提高小额贷款公司的经营管理水平

一、完善内部治理结构

狭义地说，公司内部治理结构是指所有者（主要是股东）对经营者的一种监督与制衡机制，即通过一种制度安排，合理地配置所有者与经营者之间的权利与责任关系。结合调研浙江省小额贷款公司在公司治理结构方面目前存在的问题，笔者认为，应该采取如下措施。

（一）优化股东结构

优化公司内部的权力配置是公司治理的首要作用。一是提高股东准入条件。小额贷款公司的股东不仅应该具有较强的投资实力、资本补充能力和经营能力，更重要的是必须具有良好的社会诚信、社会评价、道德水平和口碑。因此对于有经济犯罪记录、不良诚信记录及身负重大债务的投资者，应该实施市场禁入制度。同时，必须规定投资小额贷款公司的个人财产资格，投资者必须拥有高于其投资额的个人财产方能投资小额贷款公司，其中又以高流动性的财产为主要审查依据，以保证投资人有足够的能力履行出资义务，当公司经营不善时具备必要的资本补充能力。二是取消小额贷款公司股东人数的最高限制。不管小额贷款公司属于有限责任公司还是属于股份有限公司，都是根据公司法设立的，因此小额贷款公司的股东人数只要符合公司法规定的人数、股东达到准入标准，就应该被允许，不宜进行特别的限制。股东过少，不利于增加小额贷款公司的营运资金。

（二）合理设计公司治理架构

实现公司内外部不同主体之间的利益制衡是公司治理的本质。从监管机构对小额贷款公司的股权结构设计来看，分散的股权结构固然避免了"一股独大"对公司治理产生的负面作用，但分散的股权设计有可能造成公司决策效率低下、股东不能有效监督公司经营、给管理者造成偷懒和利益侵占的机会等弊端。

因此，在分散的股权结构之下，应根据小额贷款公司所处地区的实际情况及公司股权结构情况，设计合理的股东会、董事会、管理层架构，形成公司治理的有效委托代理关系，这对于小额贷款公司的长远健康发展尤为重要。对于规模较大、人数较多的小额贷款公司，应根据"三权分离"的原则，采取双层结构①的治理框架；而对于规模不大、股东人数少的小额贷款公司，可以采取单层结构的治理框架②。在具体实施过程中，应注意：首先，寻找经营理念一致的股东。由于小额贷款公司股权分散，只有在各股东经营理念一致的条件下，小额贷款公司才能发挥自身优势，为客户提供优质的服务。其次，组建强有力的董事会。小额贷款公司的股权相当分散，只有强力的董事会才能向公司管理层有效传递股东的经营理念，并有效监督管理层的经营行为，规避管理层的道德风险，形成对公司管理层的有效监督和正向激励。最后，挑选合格的公司管理人员。小额贷款公司作为一种特殊的非金融机构，其面临的风险与约束比金融机构还要复杂，因此，一个熟知当地市场情况、精通信贷风险管理、执行力强的公司管理层是小额贷款公司经营成功的核心。

（三）建立科学合理的激励约束机制

强化公司的激励和约束机制是公司治理的关键，具体应从以下几个方面着手：一是制定和完善员工业绩考核办法，强化员工目标管理。对不同部门负责人和员工的业务经营绩效应进行综合评价，并将评价结果与上述人员的工资和职务晋升挂钩，全面贯彻"能者上，平者让，庸者下"的管理机制。二是设计清晰的贷款管理流程，对信贷审批权进行适当的约束。如客户经理负责对贷款进行调查，风险管理人员负责贷款审查，总经理负责审批，明确贷款各个环节有关人员在贷款审批过程中的权力和责任，从流程上约束经理人的贷款审批权。三是为避免贷款营销中"重数量，轻质量"的现象，防止为营销而营销、为放贷而放贷和管放不管收的问题，小额贷款公司应落实对营销人员的"包放包收，责任管理"，强化信贷风险防范的营销机制，并实行信贷员收入与贷款效益挂钩，这样能充分调动员工贷款营销的积极性和主动性，进一步拓展市场空间，培育和发展优良客户群体，提高资金运用和经营效益。

---

① 双层结构的治理框架，即设立股东会、董事会和监事会，股东会将经营决策权委托给董事会，监事会专门行使监督职能。经理层对董事会负责，并承担公司的日常经营工作，以实现经营决策权、执行权和监督权的完全分开，保证三者的相互制约。

② 单层结构的治理框架是指公司有董事会但不设监事会，董事会同时行使执行权与监督权，再加上经理层，实际上是以董事会为中心的架构。

二、提升内部经营水平

提升小额贷款公司的经营水平才能增强公司的竞争力，实现其可持续发展。具体可以从以下几个方面入手。

（一）合理制定利率水平

小额贷款利率应高于一般商业银行的贷款利率，但究竟应该高多少，存在不同的规定和计算方法。世界银行扶贫协商小组高级顾问理查德·罗森伯格（Richard Rosenberg）在 2002 年提出了 Rosenberg 模型，用以计算小额信贷机构可持续发展的贷款有效年利率水平（R）。将其个别参数适当修改，可以作为小额贷款公司利率水平制订的一种方法。

$$R = (AE + LL + CF + K - 11)/(1 - LL)$$

其中：AE 为行政成本率，LL 为贷款损失率，CF 资金成本率，K 为预期收益率，H 为投资收益率。AE 为行政成本和平均贷款余额的比值，行政成本包括员工的薪金和福利费用、办公所租金和水电费等办公费用。LL 为贷款损失额和平均贷款余额的比值。一般情况下，贷款损失率超过 5%，小额贷款公司的风险漏洞就相当大了，一般运作良好的机构贷款损失率都在 1%～2%（Rosenberg，2002）。CF 为资金成本和贷款余额的比值。而对于小额贷款公司来说，应将所有捐赠和补贴按来自商业渠道处理，在计算过程中可用银行间同业拆借利率进行计算。因为在"只贷不存"的政策限制下，小额贷款公司要想走上可持续发展道路，就要更多地依靠银行拆借资金。K 为预期利润和平均贷款额的比值。H 为投资收益与贷款收益的比值。由于小额贷款公司资金紧张，因此投资收益基本为零，贷款利息几乎是收入的全部来源。

可以利用 Rosenberg 模型计算小额贷款公司有效年利率，给小额贷款公司科学的利率定价提供一些参考方向。

（二）鼓励创新产品服务

金融市场主体的多样性决定了需求的多层次性，不同金融需求主体有着不同层次的信贷需求。因此，创新产品服务，因地制宜地提供多样化产品和服务是小额贷款公司持续发展的根本。

第一，采用"授信额度"的贷款管理方式。小额贷款公司的"小额"两个字，决定了其业务性质是资金少、笔数多，所以其管理成本远高于其他金融机构的平均管理成本，投入大、产出低，很难实现可持续发展。为控制这些成本，贷款公司可以借鉴"授信额度"的管理办法：一次授信，循环使用，随用随还，纸质的、电子（卡）的均可以。

小额贷款公司对区域内很多优质中小企业都有了解，有条件对股东们比较了解的客户采取"提前授信、广泛签约、首次激活、循环额度"的贷款方式。这样不但可以积累客户信用，还可以在控制小额贷款公司风险的前提下，最大限度地提高贷款资金的使用效率、简化贷款流程、节约交易成本。

这种授信额度的贷款方式，关键是要以农户或中小企业资信为基础进行广泛评议，以确定不同等级的授信额度。小额贷款公司从贷款风险考虑，对客户贷款信用授信主要应从单位信用程度、经济实力、经营能力、偿债能力等方面来考虑。

该产品授信方式多样，借款人可根据自身状况选择以房产抵押、存单质押、第三方保证等方式做担保。对于优质客户，小额贷款公司还提供信用方式的授信。具体做法如，某种产品授信额度最高为 50 万元，单笔贷款最低是 1000 元，贷款额度为 3 年，在 3 年内客户每笔贷款的期限最长为 1 年，即客户可根据贷款需求在 1 年内自由选择贷款期限，最短可为 1 天。贷款利息按实际贷款额和实际使用天数计算，这样可节省大量利息支出，免除了占压多余资金之忧。"授信额度循环贷款"只要在贷款额度内贷款，就没有使用次数限制，如果不使用贷款额度，也不需要支付利息等任何费用。

第二，建立"小额贷款＋保险"的银保互动机制。"小额贷款＋保险"模式是指在保险期间，投保人未能按小额贷款合同约定的期限足额偿还所欠贷款本金，视为保险事故发生。保险事故发生后并经被保险人催款通知发出之日起超过一个月，投保人仍未能正常履行贷款合同约定的到期还款责任，保险人将按照本保险合同约定负责赔偿投保人尚未偿还的贷款本金。

"小额贷款＋保险"作为金融创新，对小额贷款公司而言，它消除了贷款的部分后顾之忧，偿还安全得到保险公司的协议保障，基本上实现了贷款的"零风险"。对贷款客户而言，保险为其带来了显性的信用增值，使其极大地增加了取得贷款的可能性。对保险公司而言，它开拓了"三农"保险的广阔市场，盈利渠道进一步得到拓宽。目前"小额贷款＋保险"的一些产品大多只集中解决了小额贷款的借款人出现人身意外给予的补偿，而"贷款＋保险"保单质押业务并未全面开展，建议着力解决质押不足造成的贷款难问题。该产品可由人保公司分别对贷款客户进行财产险和人身险的承保，之后投保人凭保单去贷款公司质押。

此外，还可以探索建立专业合作社、小额贷款公司、保险机构三方的合作机制，合作社社员上了保险，才能借贷；若有钱不还，保险机构就停止其保险，并由保险机构负责还贷。

第三，引入"贷物不贷款"的贷款指向性原则。所谓"贷物不贷款"是指，小额贷款公司可以运用规模需求理论，强化"贷款"的记名功能和指向性，指向一个或多个商业标的，从上游企业获得贷现率的贴补，增加抵偿信用风险的来源。例如农户的贷款不允许买烧酒，而"被迫"去买化肥，化肥厂因此增加了生产的确定性，减少了原材料的采购成本、商品的仓储成本与流通渠道的营销成本，理应拿出一定的利润，回报这种贷款定向购买行为。这就等于是化肥厂与农户共同分担了这笔定向贷款的风险。

"贷物不贷款"原则限制了贷款的流动性，商业利润分担了金融风险，降低了小额贷款公司的信贷风险。但在实施过程中，政府在给予一定的政策扶持之外，还要加强对小额贷款公司和定向商品企业的监管。农户在其他项下的流动性全都被限制，但在某类生产资料项下，应保留足够的选择权，以规避企业的道德风险，防止小额贷款公司和企业"窜谋"，侵害贷款人的利益。

第四，培养"龙头企业＋担保公司＋小额贷款公司＋农户"的四位一体化模式。这种模式是由龙头企业联合起来，成立具有独立法人资格的商业性担保公司。小额贷款公司根据龙头企业建立高产、高效、优质生产原料基地的需要，将贷款发给客户，然后由龙头企业用收购产品的价款归还小额贷款公司；担保公司对小额贷款公司向农户贷款的安全提供担保，降低小额贷款公司的信贷风险。

运行"四位一体"模式的关键是龙头企业的选择。其一，龙头企业本身必须有一定的经营历史，并且经营能力强、发展前景好，而且需要扩大基地、增加农户，但是农户由于资金的限制没有办法参加，只有这样的龙头企业才适合"四位一体"模式。其二，龙头企业要经常跟农户打交道。如果能充分注意这两点，产业风险、信用风险、小额贷款公司的风险，都会小得多。

（三）建立有效的风险管理机制

风险管理是小额贷款公司生存的根基，因此要建立有效的风险管理机制。

第一，构建严密的征信体系。从长远来看，随着小额贷款公司规模的扩大、数量的增多，为全面掌握贷款流向和借款人资信情况，其加入人民银行征信系统是必然的结果。鉴于小额贷款公司的现状，可通过间接手段初步解决小额贷款公司当前获取贷款人信用信息的困难。由政府金融办和属地人民银行牵头，小额贷款公司与其开户银行签订代查询协议，由商业银行或当地人民银行代为提供借款对象的信用记录查询服务，以实现小额贷款公司与其他金融机构的信息共享。在发生每笔查询业务时，商业银行或当地人民银行、小额贷款公司都要备案存档，以防止侵犯借款人的商业隐私。除此之外，在农村还要建立对农户信用的等级评估。在资信等级评定过程中，评估小组应包括信贷员、村委会成员和德高望重的村民代表，对评估标准和结果要张榜公布，设立意见箱、举报电话，主动接受监督，倾听群众意见，杜绝信用评估过程中的暗箱操作，增强评估工作的透明度。

第二，创新贷款抵押担保形式，降低贷款人的违约风险。小额贷款公司的贷款对象主要是一些低收入的客户，这样的客户一般不存在传统的抵押担保品。因此，小额贷款公司在放贷过程中应采用比商业银行更灵活的担保形式、抵押物和质押物，包括农户的房屋、土地、承包经营权、农业收益权等各类农村财产都能被认可，小组联保、小组基金等也可以是抵押担保的替代形式。另外，在实践中还可以创新推出以下服务：一是由公务员为农户担保贷款。农户还贷出现问题时，小额贷款公司就要求担保的公务员履行保证义务。二是由农业企业为农户担保。小额贷款公司为农户提供贷款购买种苗、化肥、农药等农业生产资料，农户与企业签订合同，在农作物收获时，同等价格优先出售给担保企业，所得收入便可用来偿还本息。三是由村委会为农户担保。小额贷款公司在经济条件相对发达、民风较好、村委班子团结、干部作风正派的建制村实行信用贷款，信用评定由村委会和小额贷款公司共同完成。这些抵押担保形式的运用，可以有效地降低贷款人主观违约的风险。

第三，加强贷款的监督管理。小额贷款公司负责贷款的人员应对整个放贷过程严格把关，贷款前对客户的状况进行如实审查，避免感情用事、人情贷款；贷款中要进行仔细评审，规范贷款流程，建立严格的内部防控机制；贷款后要及时回访，跟踪了解贷款的去向。通过对客户的风险预警的分析，决定是否对客户进行再贷款等服务。同时，对农民进行相关金融知识的普及，使农民正确了解小额贷款公司贷款的意义，从而合理使用贷款，提升农户的信用意识，保证贷款安全运行。

（四）制定绿色小额信贷的操作指南

自 2007 年 7 月，国家环保总局（现生态环境部）、中国人民银行、银监会联合发布《关于落实环保政策法规防范信贷风险的意见》之后，中国的绿色信贷就处在不断的探索和完善过程中。在这期间，许多绿色信贷部门提高了授信的环保要求，一些企业因环境问题而被停止或收回贷款，企业治污的积极性明显提高。但是，由于缺乏各行业信贷的环保指南，许多信贷部门难以准确把握项目或企业的环境风险，影响绿色信贷作用的全面发挥。我国可以从本国具体的小额信贷环境出发，结合"赤道原则"，综合制定一套适合于本国绿色小额信贷系统的操作指南；同时，要对不同的信贷行业类别建立起有针对性的、可操作性的框架性文件。

三、加强机构间合作与健康商业生态圈的构建，利用数字化技术加强消费者保护

在数字普惠金融背景下，客户期待能随时随地以最佳的方式享受金融服务，这就需要金融机构与商业生态圈各企业建立联系。

在数字普惠金融环境下，尽管金融机构通过数字化技术降低了成本，以便捷的方式从不同的数据源获取了用户数据，但应当警惕数字化技术的"双刃剑"作用，数字化技术还应当用于保障消费者的权益，保障用户信息的安全。

四、提高业务人员的整体素质，培养数字化技术人才和创新能力

小额贷款公司要走向规范，迫切需要解决的一个问题是员工的素质。相比商业银行，小额贷款公司的起点低，员工素质较低，但是小额贷款公司工作人员面临的经营环境与商业银行相比更加复杂，风险更大，从某种意义上讲，小额贷款公司比一般金融机构更需要优秀的人才。因此，提高小额贷款公司人员的整体素质十分重要。

首先，在业务人员挑选上，应实行员工本土化。本土员工十分熟悉本地市场客户，能为客户提供个性化的服务。此外，员工不仅要懂得金融业务，还需要有一定的农业知识，既有一定的理论基础，又有实际的操作经验。

其次，在业务人员的培训上，要加强信贷技术、信贷理念和法律法规的培训，同时加强对员工的职业操守的培养，使员工具备高度的敬业精神、良好的业务素质和诚实的工作作风。

再次，扩大小额贷款公司的宣传力度，让广大在校大学生对这一新生事物有所了解，积极招募相关专业的大学生，培养小额贷款公司的储备人才。

最后，数字普惠金融时代还尤其需要加强对数字人才的培养。通过训练数字化技术人才，加强技术人才的实操能力，吸引更多的人才参与数字化创新；及时更新数字化技术手段，使金融机构能够更好地提升对数据处理能力，做到综合化、全面化地处理数据。

第三节 改善小额贷款公司发展的外部环境

一、建立完善小额贷款法律体系，培育良好的金融环境

第一，尽快实现小额贷款公司接入人民银行征信系统，解决征信系统数据接口问题，实现资源共享，降低小额贷款公司的调查成本，同时能有效解决信息不对称问题，及时掌握借款人信用状况，减少信用风险的发生。

第二，进一步推进农户电子信用档案的建设，完善农户信用信息更新制度，使之真正成为信贷管理的助手，为小额贷款提供详细可靠的信息。利用计算机和网络技术，创建严密的小额贷款管理系统，使每一家有贷款或担保的农户资料都能通过管理系统查询获得，从而可以对农户的信用状况进行分析和评估，杜绝冒名顶替、超额贷款等问题的发生，加强小额贷款公司的信贷管理，防范信贷风险。

第三，因地制宜，积极开展创建"信用镇""信用村""信用户"等活动。通过各种会议、宣传报道、标语墙报、电视广播等多种形式加强信用教育，在不断提高广大群众信用意识的同时，还能加强农户对小额贷款公司的了解，为小额贷款公司的发展营造一个稳定、和谐的融资环境。

第四，为有效引起相关部门对金融工作的重视，可将农村金融生态环境的建设工作纳入对基层政府和有关部门的目标考核范围内，使相关部门认识到金融生态环境建设对当地经济发展有着深远的影响，统筹建设目标，明确各部门职责，把金融生态环境建设工作作为重要工作目标来抓，建立健全优化农村金融生态环境的长效机制。

第五，指导规范我国绿色信贷，制定和完善绿色小额信贷法律法规。2007年中国人民银行、银监会和原国家环保总局联合发布了《关于落实环保政策法规防范信贷风险的意见》（简称《意见》），提出加强环保部门和金融部门合作与联动，在信贷过程中强化环境监管，加强对企业环境违法行为的经济制约和监督等要求。《意见》的颁布，使绿色小额信贷部门提高了其对环保的要求，并停

止和收回了一些环境问题较严重的企业的贷款，企业的环保积极性也有所提高。但是我国当前尚没有针对绿色小额信贷的相关法律规范，建议借鉴国际相关经验，将绿色小额信贷政策法律化，增强绿色小额信贷的法律执行力，通过立法手段监督和指导绿色小额信贷结构的运行，同时针对低收入人群和小微企业的经济活动，也制定相应的政策法规，以保证其在经济活动过程中融入环境保护的内容。

二、加大政策扶持力度，给予适度的财税支持

目前小额贷款公司的盈利空间还比较狭窄，自我生存及可持续发展能力还相对有限，为促进小额贷款公司健康发展，需要政府在特许经营中提供适度扶助。

第一，制定财税优惠政策。加强地方财政部门、税务局、人民银行和银监部门的沟通协调，在税收政策上给予小额贷款公司一定的倾斜。对小额贷款公司可按照农村信用合作社现行的"企业所得税减半，营业税按3%征收"的优惠政策征税，同时地方财政还可通过建立退税机制、根据贷款余额确定一定的补偿比例、对服务"三农"和小企业贡献突出的小额贷款公司给予奖励、对小额贷款公司发放贷款的单位进行利息补贴等方式对其进行必要的扶持，以提高小额贷款公司的盈利能力。

第二，设立小额贷款风险担保基金。建议由财政部门牵头出资设立小额贷款风险担保基金，对小额贷款公司发放"三农"和小微企业贷款提供风险担保。同时对于小额贷款公司放贷过程中产生的不良贷款，经过管理部门审核认定属于小额贷款公司已经尽力做好贷前审查、贷后管理并已经尽力追讨的，并且属于"支农支小"类贷款，可给予一定比例的补偿。鉴于小额贷款公司服务对象的高风险性和服务农村经济所产生的社会效益，建议在小额贷款公司的小企业贷款和涉农贷款税前全额计提拨备损失准备金，参照农村合作金融机构的标准计提呆账准备金的同时，将小额贷款公司列入再担保合作银行范围内，并对特定的贷款项目建立风险和再担保风险补偿机制。

第三，对年度考核评价达标、内控制度健全、当年不良贷款比例低于一定

百分比的优秀小额贷款公司，逐年适度放宽其从银行融入资金的比例，还可允许其开展票据贴现、资产转让等新业务试点，逐步扩大经营业务范围。

第四，优惠小额贷款公司获得银行融资的利率，建议按同业拆借利率，还可扩大融资比例，提高小额贷款公司的财务杠杆效应。同时，逐步放开小额贷款公司的贷款利率限制，使其最终完全按照市场化原则进行自主经营。

三、建立多元化的农业社会服务体系

第一，构建全方位的风险补偿机制。首先，可建立农业贷款保险制度，设立公益性的政策性保险机构，或由国有保险公司开发各类农业保险，对农户的生活、销售等各个环节进行保险，利用政府补贴政策，降低保险费率，鼓励农民购买保险，如因自然风险或市场风险造成农户绝收、减收，则由保险公司赔付，以增强农业和农户的抗风险能力。其次，可设立小额贷款风险补偿基金，由地方政府注资，按小额贷款公司小额贷款发放额的一定比例给予补偿，或对小额贷款损失予以核销。最后，还可设立农户风险基金，由地方政府、小额贷款公司、农户共同出资，对自然灾害、市场风险、意外事件等原因造成农户确实无力偿还的贷款损失，用基金偿还。构建全方位的风险补偿机制，除了可以增强贷款农户自身抗风险能力外，还可以有效降低小额贷款公司的运营风险。

第二，为农户提供全方位的配套服务。农户生产项目的成功率是影响小额贷款安全的关键因素。国内外许多实践也都表明，农户不仅需要"输血"，更需要"造血"。这就要求小额贷款公司在为农户提供资金的同时，还需要提供更多与资金相配套的其他服务。如，小额贷款公司可以给借贷者提供各种各样的培训以提高他们的生产技能，内容可以包括家庭理财、养殖技术、科学种田、小本经营等。

此外，小额贷款公司还可提供农业市场信息、组建农产品服务中介机构等，让农户根据自身的特点和市场的需求来决定投资项目，实现规模化、集约化的生产经营。这样一方面能减少农户生产项目受气候与市场价格的影响，或大规模推广某单一产品式的生产项目造成的市场风险；另一方面还能搞活流通渠道，确保农户投资产生良好效益，增加农民的收入来源，增强还贷能力，降低小额贷款的运营风险。小额贷款公司应积极、主动为农民低费或免费提供此类服务，使之成为小额贷款制度应有的要义。

小额贷款的本质是金融创新，小额贷款的发展是金融不断发展创新的结果。小额贷款作为一种为中低收入阶层提供金融服务的金融运作模式，是发展中国家在特定发展阶段产生的金融制度，这种制度是一种金融服务产品，也是一种社会发展的途径。小额贷款公司的可持续发展对于其能够持续地为金融弱势群体提供金融服务，从而使小额贷款成为有效金融手段有着至关重要的意义，无论是在国内还是在国外，各类小额贷款机构都在致力于实现自身的可持续发展。

小额贷款公司不仅要争取外部发展的有利时机与空间，还要做好内部治理结构与完善经营机制的功课，练就经营小额贷款所需的管理功底与人才技能（如健全自身会计财务制度、选拔合规信贷人员等），只有这样才能在金融市场日益激烈的竞争中依仗比较优势，取得可持续发展。

四、健全绿色小额信贷监管制度

绿色小额信贷是一种新兴的金融服务创新，要降低小额信贷机构参与环境管理的风险，推动借款人在经济活动中不破坏或者保护环境，健全绿色小额信贷的监管制度。绿色小额信贷监管制度的健全可以从以下几个方面着手：

第一，建立绿色小额信贷环境影响评价法律制度。环境影响评价制度是指对绿色小额信贷客户申请贷款的创收项目进行一系列的评估、跟踪和监测并根据评价的结果决定是否贷款的制度。为了体现环境评价的公正和公平，需要建立独立性、专门性的环境影响评价机构，建立小额信贷机构内部完整的环境影响评价标准。小额信贷客户往往很少意识到要把他们的经济活动与环境风险潜在的重要性联系起来，所以小额信贷审查中的环境影响评价，要扩展到小额信贷客户所进行的经济活动的整个周期，从而降低环境风险。

第二，建立绿色小额贷款审查制度，将环境和社会影响评价制度贯穿于小额信贷机构贷前审查及贷后监管始终。首先，可以建立小额信贷机构内部贷前评估审查制度。对借款人的借款用途、偿还贷款能力、还款方式等方面进行综合的考察评估，同时需要对借款人申请贷款所进行的活动内容进行环保前置程序通过审查。其次，建立小额信贷机构内部贷后评估审查监督制度，对借款人在贷款之后的创收活动进行跟踪，以监测其创收活动是否对环境有消极影响。最后，建立绿色小额信贷信息共享法律制度。在小额信贷机构与环保部门、小额信贷机构之间和环保部门与金融监管部门之间实施信息共享制度，实时掌握小额信贷机构的绿色小额信贷业务的状况、借款人的信息和其使用贷款所进行的经营活动。

五、防范数字化技术带来的新风险

在大数据时代，数据安全是企业发展的重要前提。建立一个全方位的风险监控体系，能够及时应对技术漏洞导致的突发情况；应当在事前制定风险应急方案，当发生设备故障、非法侵入等问题，致使用户个人信息丢失或者遭受技术窃取时，应当具有快速、高效的应对能力。重视硬件风险，比如为预防可能会出现机器故障等突发情况，应当更新硬件设备，提高其运行能力，能够全天24小时不间断地储备、更新用户信息，以应对突发事件导致的数据永久性遗失，做到全天24小时监控，从源头上杜绝风险发生。

六、建立健全数据立法并利用数字化技术加强金融监管

目前数字普惠金融还处于起步阶段，政府应当建立合理的监管方式来达到风险和创新的平衡。国家应当尽快立法，从法律层面来提高国内普惠金融发展的进程，加快推进大数据相关立法进程，对数据的开放、共享和保护等方面进行立法；对民间高利贷等不法现象坚决予以解除，避免灰色交易。通过立法的手段，促进小额信贷公司业务经营的合法合规，同时要明确小额信贷机构主体的权利和义务，让小额信贷机构同样可以享有传统金融机构的待遇政策，给予金融机构正确的引导，以期形成良好的市场法治环境，激励机构合规运营，保持行业往健康发展方向发展。

第九章

国际小额贷款发展趋势与挑战

第一节　国际小额信贷的思想演进

从 20 世纪 50 年代至今，小额信贷已经经历了 70 多的发展，在不同的发展阶段，小额信贷所依据的经济理论和思想理念不断发生着变化，对穷人的理解、机构的目标、成功运作的判断标准也在发生变化，它们指导和影响着小额信贷在实践中的发展进程，而在实践中各种小额信贷组织的生存状态也对理论不断提出了修正。国际小额信贷的思想演进大致可以分为四个阶段：

第一阶段：20 世纪 50—70 年代。市场失灵和农民需要低息是政策制定的基本假设，建立专门的农业发展银行、为本国的农民和农业生产提供补贴的贷款成为这一时期发展中国家信贷扶贫的政策选择。然而，无论是国际组织援助还是政府支持的为穷人提供信贷服务的项目，最终均因高额的费用、比例太低的还款而宣告失败。

第二阶段：1985—1995 年。农村金融在经济发展中的作用受到重视，市场失灵的穷人需要商业利率的信贷服务是这一阶段政策制定的基本假设，为穷人提供制度性金融服务是这一阶段的基本特征。随着一些项目成功实现"双赢"目标，小额信贷的持续性被提到空前的高度，私人金融机构也开始加入，为以往被认为缺乏抵押、高交易成本、居住分散的穷人提供制度性金融服务。

第三阶段：1996—2005 年。增加穷人进入金融市场的机会、使市场更好和更多地服务于穷人被认为是促进发展和减缓贫困的主导性政策处方。理论和实业界开始关注不同穷人生计的差异性和风险策略。以穷人的金融需求作为最基本的目标，而不是仅仅把他们当作简单的小农或者微型企业主，通过创新来实现从产品定位的借贷到以客户定位借贷的转变，从而帮助他们应对不利处境、减缓贫困。

小额信贷的思想演进是人们在小额信贷发展过程中认识的逐步提升，反映了人们在小额信贷推进过程中所遭遇的困境，从市场失灵到政府干预，到政府失灵与政策和制度制约，再到扶贫的失灵和政策、技术、制度的共同制约。我国在20世纪90年代初就开始实施小额信贷扶贫，目前制度移植的方式日趋成熟，从早期学习国外的个别技术环节转向从国际经验中汲取适合中国国情背景的成分，并试图对小额信贷的组织、技术、监管等方面进行创新。

第四阶段：2005年以来。2005年世界小额信贷年期间，"普惠制金融体系"（inclusive financial sectors）被提出，它标志着享受金融服务作为社会个体的基本权利得到基本确立，该口号主张要为所有金融服务需求的个人和企业提供普遍的金融服务，其中特别强调小额信贷和微型金融的发展，并将其纳入整个金融体系。从简单的扶贫济困到普惠制金融框架，反映了小额信贷发展中的两个转变。

一、从小额信贷到微型金融：服务内容和服务对象的扩展

小额信贷一词最早由中国社会科学院在20世纪90年代初引入国内，是对microcredit一词的翻译。微型金融是为贫困、低收入人口和微型企业提供服务，包含小额信贷、储蓄、汇款和微型保险金融服务，国际上称为microfinance。从发展过程和业务开展情况看，微型金融中最主要的业务还是小额信贷和储蓄，其他业务往往是在小额信贷业务和及其客户群的基础上开发的，并与小额信贷业务配合开展。尽管人们在低收入客户究竟需要何种金融服务的问题上还没有达成统一意见，但是国际小额信贷实践却清晰地表明，为穷人提供多元化的金融服务是一种趋势，而且多样化的金融服务还可以为小额信贷机构创造多元化的收入。从小额信贷到微型金融不仅是金融服务内容的拓展，也强调了服务对象的扩大，即贫困人群和微型企业主都可以成为它的目标群体。

二、从福利主义到制度主义：扶贫与可持续的目标统一

从小额信贷的发展模式看，福利主义和制度主义的争论由来已久，它们之间的差异主要体现在对可持续性关注程度的不同。然而争论的结论却是两者的融合。这是因为，贫困既是自然条件等客观因素制约的结果，也是市场机制作用的结果。从金融资源的配置看，在信息不对称的情况下，即使不受利率管制等外在约束，资金也必然向信号作用明显的优势企业和地区集中。因此，仅仅采用捐助、贴息等外生资源供给无法对抗市场配置资源的强大力量，反而只能在落后地区滋生腐败和按照权力地位进行资源配置的恶性导向。对于以扶贫作为目标的小额信贷机构而言，项目盈利虽然不是最终目的，但绝对是实现其最终社会目标的直接手段。小额信贷从福利主义向制度主义过渡，使福利主义者扶贫济困的目标巧妙地融合在资金的市场化行为中，还为长期资金的来源和机构的持续性问题提供了解决方案，商业化小额信贷开启了一个曾经被市场抛弃和冷落的巨大金融市场，在福利主义者和制度主义者之间找到了一个平衡点。

三、小额信贷的商业化导向

无论是从概念还是实际操作的角度，20世纪90年代的小额信贷领域的发展都出现了突飞猛进的情况（杜晓山，2003）。小额信贷机构在信贷技术与组织机构等方面出现了一系列的创新，最成功的小额信贷机构将成本降低到20%左右的水平。一些小额信贷机构如玻利维亚阳光银行实现了收入可以抵补总成本，不再需要补贴资金（Gonzalez，2009）。玻利维亚阳光银行是小额信贷商业化实践的成功标志。当前国际上小额信贷的商业化趋势已经非常明显，正如上文提到的，小额信贷从福利主义向制度主义过渡，小额信贷机构将自身的可持续发展作为行动的基础。尽管还存在着观点上分歧，但在实际上，商业化的两种方法——制度构建法和商业化法（Schmidt，2008），在实践中是一致的：如果小额信贷机构要财务上可行，就必须有商业化导向；如果小额信贷要在商业上实现必要的成功，从而对发展产生持续作用，就必须拥有恰当的制度结构。

四、小额信贷技术上的创新

技术创新同样推动了小额信贷的发展。移动电话的普及、借助因特网到达社区的计算机终端、通过计算机技术获得借款审批与信贷记录、通信银行的出现，这些因素改变了小额信贷的经营环境，为小额信贷技术提供了创新的条件。

（一）借款人与贷款人之间的电子匹配

因特网为借贷双方电子化匹配开辟了新的渠道。例如，美国繁荣商务网（Prosper.com）、英国瑟帕商务网（Zopa.com）和我国的阿里小贷等。潜在借款人可以查看并评估 1000 美元以上的借款申请，大多数借款是短期的，期限不超过 3 年，借款可以签订有法律效力的合同。通过互联网可以显著减少借贷双方匹配的时间，安排借贷双方之间的借款流动。尽管诸如受教育程度不高的人面临难以通过网络来借款等障碍，但这一趋势会在信贷领域迅速发展。

（二）社区网络中心与电子集市（eChoupals）

在一些偏远地区，小额信贷向贫困居民扩展过程中开始流行社区网络中心。社区网络中心既能提供基础设施，又能提供有关的借贷信息，小农户可以借此获得最好的借贷价格，这一发展既利用科技增强了穷人的权利，同时又显著地扩大了社会中针对贫困阶层的金融服务范围。

（三）用移动电话办理金融业务

近年来，许多公司可以利用移动电话技术实现现金转账，发放借款，推广基本的金融服务。我们有望通过这样的创新，在没有金融服务的部门和地区之间搭建桥梁，以 10 年前难以想象的速度提供服务。在菲律宾，美国国际开发署率先通过移动电话向穷人提供金融服务。小额借款客户通过信息系统偿还借款，显著降低了交易成本。

五、小额借款机构进入资本市场

20 世纪 90 年代开始，证券化迅速将小额信贷与发达国家的资本市场融合在一起，从而改变了小额信贷的经营环境。在小额信贷业的上层，资本市场帮助小额信贷机构有效地获得债务资本和股权资本，资本市场正成为小额信贷重要的资金来源。资本市场与小额信贷机构之间的互动关系日益明显。2006年，肯尼股权银行上市，这是非洲第一支公开发售股票的小额信贷，标志着小额信贷可以获取股权（风险）资本（Sundaresan，2008）。2010年，印度最大的小额信贷机构 SKS 在印度上市。

第二节　国际小额信贷面临的挑战

21世纪，小额信贷行业满足了更大规模的金融需求，在削减贫困中起到积极作用。在过去几十年中，小额信贷部门的盈利能力与商业化水平获得了很大的发展，但仍存在不少问题有待解决，构建一个稳健的、商业化的小额信贷产业还存在如下的挑战。

一、小额信贷行业商业化面临的挑战

小额信贷行业商业化面临的挑战主要表现为以下几点。

（一）来自捐赠者的不恰当补贴

小额信贷行业可以借助捐赠者支持项目，然而随着小额信贷产业日趋成熟，捐赠者在不违背市场机制的情况下，不断推进产业发展。尽管仍然需要捐赠者支持机构能力建设，但是捐赠与软贷款放贷，阻碍了小额信贷机构寻求更多商业化的资金来源。

（二）对吸收公众存款的小额信贷机构监管不力

全球很多国家监管传统金融机构的能力不足，尤其是发展中国家常常因为对传统金融体系监管不力而备受指责。由于发展中国家需要发展小额信贷，因此，很多国家简单设置了管理机构来监管吸收存款的小额信贷机构。要对小额信贷机构实施有效的监管，监管者必须理解传统金融与小额信贷的区别。

（三）很少有动员储蓄的小额信贷机构

很大一部分小额信贷机构是由非政府组织开办的，这些非政府组织不属于受监管的金融机构，因此，通常不允许吸收客户存款，甚至在商业性小额信贷机构中，也很少有动员较大数量客户自愿储蓄的机构。作为一个整体，小额信贷产业应该更多地学习动员小额储蓄的经验。

（四）小额信贷机构管理能力和机构效率较低

长期以来，许多小额信贷机构难以增加产出率与效率，并同时降低成本。通过提高效率，几家小额信贷机构实现了经营自足与财务自足。然而，在小额信贷机构可以吸收大量的商业资本之前，更多的小额信贷机构需要进一步降低经营成本。为了提高效率，改善客户满意度，许多小额信贷机构试图采用新技术，诸如掌上电脑与智能卡，试图降低交易成本，增加覆盖面。

二、资本市场投资小额信贷的可持续性面临挑战

资本市场进入小额信贷行业，这一热潮是前所未有的，但风险也是确定无疑的。2010年，印度安得拉邦发生了小额信贷危机，对印度全国乃至世界上其他地区的小额信贷机构都提出了警示。印度小额信贷强调增长，重视高增长率产生的高价值，对小额信贷的迅速扩张产生了很强的激励，在高度集中的市场中，信贷的迅速扩张及信贷准则的丧失，可能造成高水平负债，带来更大风险。增长超越了金融服务提供者的内控能力，使他们容易面临技术不足、办法欠缺、人员摩擦与轮换率不正常等问题。由于借款人与小额信贷机构之间没有存款关系，依赖单一的借款服务，容易造成小额借款机构资产质量差。

三、借款证券化给小额信贷服务者带来的风险

针对小额信贷贷款证券化，投资者面临的最主要风险是服务者风险。如果孟加拉国乡村进步委员会（BRAC）（该机构在孟加拉国开展了小额信贷证券化）倒闭，那么另外一家小额信贷机构需要花数月时间才能介入小额信贷市场并重

新集合其贷款人。由于孟加拉国乡村进步委员会的数据库包括了借款人的姓名和住址，因此，如果该服务者被替代，新的服务者可以识别并找到那些借款人。然而，不可避免的是，新的服务者要花费长时间来派遣自己的借款经理人，加上住址信息传达总部需要时间，这一时滞意味着一旦机构倒闭，在随后的几个月中，可能就不能找回所有募集到的资金。

四、技术创新对监管带来的风险

利用移动电话开展金融服务，社区网络终端帮助农民卖掉农产品，从而避免了中介费用。此类创新同样给监管带来挑战：如何将通过移动电话放贷整合到具有安全保障的综合银行系统？利用移动电话发放贷款应该颁发银行从业资格吗？从监管角度来看，技术创新引发了如下一些问题：（1）应该允许第三方（如通信方）开展银行交易并面对消费者吗？在这种情况下，应如何区别对待电子货币的汇兑与移动电话的现金汇兑？（2）"9·11"事件后，在有组织的信贷／银行市场监管实践中，提出了反洗钱以及抗击恐怖主义金融的规则，以应对通过代理人执行异地交易的经营实践。在小额信贷领域，这些问题尤为突出。（3）消费者保护问题同样值得关注。

五、信贷信息系统（CIS）的挑战

信贷信息系统是贷款审批的重要工具，对农村信贷增长十分重要。如果在运营区域内，小额信贷机构竞争激烈，则信贷信息系统就显得重要。小额信贷机构缺乏信息系统会阻碍小额信贷部门的发展：小额信贷机构难以掌握借款人的信用状况，导致了借款人面临很多借款问题及负担。亚洲开发银行等国际金融机构帮助发展中国家建立信贷信息系统，但是系统建设在很多国家仍然存在很多问题。

六、小额信贷监管的挑战

随着小额信贷机构新产品的不断开发，小额信贷机构数量的不断增长及机构规模的不断扩大，监管资源（包括资金预算、人力资源、管理框架）有必要进行扩充以适应小额信贷机构的增长和变化（Chia & Counts，2003）。金融服务的迅速发展及技术、现代电子设备的采用带来了新的风险，要求监管人员不断掌握新的知识。因此，应培训监管人员以紧跟金融部门的整体发展，有助于提升监管效率。除了在岗培训计划，来自亚洲开发银行、国际货币基金组织的培训也很重要。此外，监管小额信贷机构所需要的技术和人力这种能力建设仍然面临挑战（杜晓山，2005）。可以通过召开国际会议，提升监管人员适应最新发展的能力。监管当局面临的问题是：在必要时采取监管，以适应小额信贷部门的发展。例如，以往小额信贷机构揽储是受到严格限制的，而如今随着一些小额信贷机构机构能力与财务稳健性有所增强，这一限制已经放松了。小额信贷机构吸收更多的存款，就会有更多的资金向农村贫困人口提供低成本的借款，农村人口也会增加储蓄。但是，这些变化要审慎推进，只有有实力的小额信贷机构才可以被授权吸收存款。

除了上述提到的挑战，未来还有很多课题有待完成，例如加强银行与金融机构对法律的执行，对未完全遵守法规的小额信贷机构开展纠错行动，评估并推进新的监管方案，定期公开发布监管报告等。

第三节　国际小额信贷的政策监管实践

一、税收

小额信贷的税收在许多国家已经成为争议性话题之一。不同地区和税收政策选择不同，但是分析的出发点都是相同的，即对金融交易征税和对金融交易产生的净利润征税的区别。

（一）金融交易和行为交易课税

对金融交易课税来说，比如贷款的增值或利息收入税，关键问题是各类机构能有一个公平的竞争环境。在增值税的处理上，各国的实践不一，有些国家只对审慎监管框架下的银行给予优惠政策。在一些国家，只有部分持牌机构才能获得金融交易税优惠，尽管获得税收优惠与审慎监管目标机构没有任何实质性关系。而在另一些国家，金融交易税对金融合作机构和银行的影响是不一样的。事实上，增值税应当是针对金融交易的税种，剔除其他因素考虑，税收优惠政策的基础应该是金融交易或行为的类型，不应按机构设定政策。不这样做的话，同样开展一种金融业务，一类机构可以得到优惠，而另一类则得不到。

（二）对利润课税

在对净利润征税问题上，小额信贷机构的贷款损失准备金应享受与其他机构一样的税收减免政策，如这类机构需要多计提准备金，多提部分也应享受税收优惠。可以肯定的是，总有办法逃避这种非分配的原则，但是，滥用净利润的现象在小额信贷中比其他类型的机构中要少，对所有机构来说，不管是否被审慎监管，任何机构都应该享受开支扣税（如不良贷款抵扣）。对于持牌机构来说，审慎监管规定了基本的贷款损失准备金额度，对于不持牌的小额贷款公司，为了防止滥用，税务机构可以对这类机构规定一个可行的额度。

二、利率

（一）小额信贷利率高的原因

为了保证贫困人口、弱势群体能长期得到他们所需要的金融服务，金融机构必须覆盖其成本（即贷款本金的成本、风险成本和管理成本）并且盈利，进行投资以实现可持续发展。小额信贷的成本之所以高，是因为其大多是从事非常小额的贷款业务，这种业务需要面对面的交流及人与人之间的直接联系来替代正规的财产担保和用电脑计算出来的资信指数，因此交易成本很高。发放一笔小额贷款的成本占贷款额的比例比发放一笔大额贷款的成本占贷款额的比例高得多。

此外，贫困客户普遍认为，能够持续获得信贷服务比为获得信贷服务而支付较高的成本更为重要（Christen et al., 2003；Robinson, 2001）。效果评估显示，小额贷款能使客户受益。因为小额贷款的绝对额小，所以相对贫困客户，特别是那些非农的微型小型企业的收入和其他全部成本来说，小额信贷的利息成本一般并不高，都是可以支付的。

人们常常拿小额信贷的利率水平与商业银行及那些获得政府补贴的信贷机构的利率水平相比较（见表9-1）。商业银行运营的单位成本远低于小额信贷机构，而后者中典型的如孟加拉国乡村银行，但我们不能拿一直获得政府高额补贴来弥补亏损的乡村银行的利率同那些没有获得相同补贴的小额贷款公司的利率进行比较。国有信贷机构及政府补助的信贷项目，往往基于某些政治因素的考虑，必须采取低于盈亏平衡水平的利率，这些机构和项目是为了向贫困人口提供中短期金融服务而设立的，因此，它们的利率水平并不具有实际的可比性。

表9-1　2003年商业银行、高利贷者及小额贷款机构的年化利率比较

国家	商业银行	小额信贷机构	非正规资源（如高利贷）
印度尼西亚	18%	28%～63%（BPRs，地方级小额贷款银行）	120%～720%
柬埔寨	18%	45%	120%～180%
尼泊尔	11.5%（优先行业） 15%～18%（其他行业）	18%～24%	60%～120%
印度	12%～15%（小企业）	20%～40%	24%～120%（不同邦情况有所不同）
菲律宾	24%～29%	60%～80%	120%以上
孟加拉国	10%～13%	20%～35%	180%～240%

资料来源：Wright & Alamgir（2004）。

（三）利率上限的形式和影响

利率上限有三种基本形式：利率控制、高利贷利率和现实中的上限。银行利率控制通常被纳入关于银行和中央银行的法律中，这种法律授权中央银行为一国设定正规的金融机构的贷款利率最高水平的最高权力机构（有时也授权设

置存款利率的最低水平）。高利贷限制是指高利贷法通常是民事法律的一部分（或者是一般法律法规体系的一部分），它授权某一政府部门————一般是中央银行————设置个人贷款人可以收取的贷款利率的最高水平。现实中的上限是指在一些国家，正规的利率上限规定不被纳入法律规定中，但是政治压力和大型补贴型的政府贷款项目竞争的压力常常迫使利率保持在一个特定水平。

20 世纪 70 年代以来，越来越多的文献资料都表明，补贴型的利率对于有效地为贫困人口提供金融服务是有害的（Adams et al., 1984），对可持续发展的小额信贷设定太低的利率上限会阻碍贫困人口获得这种金融服务。对利率进行限制后，政府部门通常都不会考虑到小额贷款行业的成本结构，而几乎总是以贷款额大、信贷成本低的商业银行作为设定利率上限的参考标准。这一决策过程意味着在许多情况下，政府会发现，要为小额信贷设定足够高的利率上限才能使其健康发展，这在政治上是很难的。当客户获得受到利率上限限制的小额贷款后，他们就有机会因这种低的利率而受益，但更多的潜在客户却受到不利影响。

利率上限会对贫困人口产生两个主要影响，一是因市场萎缩或者市场上缺乏小额信贷放款者而导致贫困人口获得信贷的渠道非常有限。当小额信贷机构必须面对利率上限的限制时，由于机构无法覆盖其操作成本，它们常常会逐步退出市场，发展更加缓慢，或者缩减它们在农村地区或其他成本更高地区的业务。二是小额信贷总成本的透明度降低了。受利率限制的小额信贷机构正在试图通过收取新的费用来弥补自身成本，这样它们仍能给监管部门留下遵纪守法的印象。这种情况导致贫困人口对各种类型的贷款进行择优比较的能力减弱，贷款成本的低透明度损害了贫困人口或企业的利益。

（四）如何降低利率

在小额信贷领域，降低利率最强有力的机制就是竞争。在许多竞争性市场中，小额信贷业的效率得以提高，利率也有所下降。小额信贷行业强调利率市场化是提高机构自身可持续发展能力的一条途径。但人们往往忽略了鼓励竞争和为应对竞争需要推进的能力建设（如提高效率）。

首先，也是最重要的一点是，稳定的宏观经济环境是建立竞争性的小额贷款市场的重要前提。为机构的市场准入和不同类型机构所处的合理经营环境提供法律依据的法规、制度也是至关重要的（Christen et al., 2000）。

其次，是借款人保护。高风险群体应该在高利率贷款和高风险的商业行为中受到保护。这种高风险行为包括：不考虑贷款人的偿还能力而放贷、欺诈定价、滥用贷款回收手段等。这些行为对贷款者的伤害很可能比高利率对他们的伤害更严重。详细的有关贷款人的法律规定能够抵抗滥用（滥设置）利率，避免利率上限产生的负效应。这些法律在发达国家的金融行业已经存在，例如美国、加拿大、欧盟的一些成员国。南非和一些南美国家（如秘鲁、玻利维亚和哥伦比亚）也有与借款人相关的法律规定。

最后，是借款人教育和金融素养。借款人保护法着重确保借款人负责地、道德地进行活动，而借款人教育和金融素养计划则致力于教育借款人如何成为一个负责任的借款人。管理好资金对于贫困人口是一个挑战，金融教育在帮助贫困人口和小微企业获得控制权、提前做好准备、使用信息和资源提高自身经济状况安全性的能力等方面发挥着重要作用。

第四节　国际小额信贷的监管经验：模式和框架

综观全球小额信贷的发展及各国对小额信贷机构的发展模式和监管框架，凡是小额信贷发展得较好的国家，一般都具备比较清晰的监管思路和法律框架，而且在政府的监管框架中，特别强调小额信贷机构的灵活性和创新性；凡是小额信贷发展得不好的国家，一般而言都不具备针对小额信贷机构的明确的法律框架，小额信贷机构受到政府过多的干预和行政控制，过度的金融抑制措施使小额信贷机构发展空间受到限制。小额信贷监管框架应符合以下特征：

（1）灵活性，即监管框架的设计必须适应小额信贷机构运行机制的特征，如借款合同文件简单、信用评估体系简便、金融产品设计灵活等，采取比较灵活的、更具弹性的措施，而不是比照正式金融机构的运行特征对小额信贷机构进行过于僵硬的监管。

（2）激励兼容，即监管框架设计要能有利于调动小额信贷机构、投资人、捐赠人和其他批发性借款者的积极性，激励他们更多地投入小额信贷机构的发展中，而不是通过法律框架遏制这种投入。

（3）考虑成本收益，即监管框架的设计充分考虑监管行为和被监管行为本身给监管者和被监管者可能造成的成本及可能获得的收益。这意味着，监管框架设计首先要考虑小额信贷机构所付出的成本，如各种披露文件的整理和报送成本；其次还要考虑监管成本，监管者对大量的小额信贷组织必须付出很多的人力、物力和财力。如果监管框架设计过于烦琐，超出了监管者的承受能力和监管能力，那么这样的监管框架就容易流于形式，形同虚设。

（4）基于风险的自我监管，即必须在监管框架中更多地鼓励小额信贷机构进行自我监管，使其有动力在内部网络管理的基础上进行自我监督，有效地进行预防性内部监管。

（5）行业自律，即在控制监管成本的考虑下，尽量鼓励行业性的自律组织（协会）的建立，利用这些行业自律协会对小额信贷机构进行信用评级、资产评级、业务监督和信息披露。行业自律对小额贷款公司这种非正式的非银行类机构极为有效。

随着小额信贷在扶贫、支持中小微企业发展、解决就业等方面发挥越来越重要的作用，许多发展中国家也越来越重视对小额信贷组织的发展和监管问题的研究。这主要有四个方面的考虑：一是保护公众利益，二是稳步促进小额贷款发展，三是努力增强可持续发展能力，四是维护公平竞争。实际生活中，一些游离于传统监管框架以外的机构在某些领域也在从事与被监管机构同样的业务，因此有必要厘清分层监管框架，避免监管套利。以下就我国小额贷款公司的特征选择相应的监管框架进行详细介绍。

一、小额信贷机构的监管权归属

总结各国对小额信贷机构的监管框架可以发现，不同类型的机构适用不同的监管模式（见表 9-2）。

表 9-2　小额信贷机构的监管模式

类型	资金来源	外部监管形式	监管部门
简单非营利性非政府组织	捐赠资金、发放贷款的总量不能超过捐赠额	无须监管，可自愿到自律组织注册	无，或自律组织（协会）
有吸收存款的非营利性非政府组织	吸收少量存款，如对社区享受小额信贷客户的强制存款或法定存款安排	无须监管，无须申请银行牌照，不受银行法约束，需向自律组织注册	自律组织（协会）
由非政府组织转型的小额信贷机构	通过发行商业票据、大额存单、投资票据等获得批发／机构存款	需获得企业法人资格，由银行监管当局进行准入管理，并限定其商业票据的规模、期限和交易	银行监管当局
信用合作社、储蓄信用合作社	开放式或封闭式的债券信用合作机构，从会员客户吸收存款	到合作社监管机构或银行监管部门注册	合作社监管机构或银行监管部门
有限牌照银行，如专业银行、储蓄机构或金融公司	有限制地吸收存款（如活期、定期存款）。可从事的小额信贷业务较非政府组织更为广泛	由银行监管当局进行准入管理，限定业务范围	银行监管当局
无限制牌照银行	吸收公众存款	向银行监管当局注册，并获得其授牌	银行监管当局

资料来源：杜晓山，等．小额信贷发展概况国际研究 [M]．北京：中国财政经济出版社，2012：19-20.

二、审慎性监管

监管可分为审慎性监管和非审慎性监管，当监管目标是维护整个金融体系的稳定并且保护存款人存款的安全时，是审慎性监管。审慎性监管一般来说比非审慎性监管更加复杂。审慎性监管，如资本充足标准、准备金和流动性要求，通常由专业的金融当局去实施。而非审慎性监管，如利率或控股股东的信息披露，通常通过自我实施和利用相关法规来实施。因此，需要避免把审慎性监管用于非审慎的目的（Christen & Rosenberg，2000）。针对传统商业银行的管制一般包括从资本金要求、资本充足率到报告的频率和程度等十大方面，通常不完全适用于小额信贷机构，需要针对小额信贷特征进行调整。以下重点介绍非审慎监管，这更符合当前我国小额贷款公司的现状，也更值得我们研究借鉴。

三、非审慎性监管

非审慎监管实际上要解决的是为小额信贷机构设计行为准则，包括小额信贷机构模式和信贷业务准许、保护客户、防止欺诈和金融犯罪、建立信用服务体系、明确利率政策、厘清税务和会计问题等。

非审慎限制本质上是为小额信贷机构设计行为准则：

（1）信贷业务准入。各国对从事小额信贷活动的许可形式可分为三类：第一类，没有特定的准入要求，即任何非政府组织或实体都无须申请特许牌照；第二类，有选择的准入管理，如机构开展信贷业务但不吸收公众存款，只需要获得监管当局颁发的证书；第三类，作为特许牌照管理，即只有获得监管当局经营许可的机构才能从事信贷业务。

（2）客户保护。贷款的固定成本使小额信贷的实际价格通常要高于传统信贷产品。小额信贷机构为了避免高利率可能带来的负面影响，通常只对外公布一个较低的小额信贷利率，但同时规定对一定规模以下的贷款设置额外费用，混淆贷款的实际成本。一些国家从保护客户的角度出发，要求小额信贷机构公布真实的贷款成本。

（3）防止欺诈和金融犯罪。在这方面，小额信贷机构适用于与传统银行同样的法律法规，但不一定要由负责银行审慎监管的部门执行。

参考文献

[1] 安博文, 刘红卫, 李晓天, 等. 中国数字普惠金融的空间分异与时空演化研究——基于城市群视角 [J]. 财经理论研究, 2022(1): 54-70.

[2] 陈昌智. 与小微企业共成长 [N]. 金融时报, 2012-01-11.

[3] 陈丹丹, 刘庆, 杨欣君, 等. 数字普惠金融减贫效应的空间溢出效应分析——基于我国省际面板数据分析 [J]. 科技创新与生产力, 2022(1): 97-105.

[4] 陈胜. 美国、意大利绿色小额信贷制度之分析与借鉴 [C]. 北京: 北京国际环境技术研讨会, 2013.

[5] 程秋旺, 许安心, 陈钦. "双碳"目标背景下农业碳减排的实现路径——基于数字普惠金融之验证 [J]. 西南民族大学学报 (人文社会科学版), 2022, 43(2): 115-126.

[6] 迟国泰, 潘明道, 程砚秋. 基于综合判别能力的农户小额贷款信用评价模型 [J]. 管理评论, 2015, 27(6): 42-57.

[7] 崔兵. 科技银行的"中国模式"——基于科技支行与科技小额贷款公司的比较 [J]. 上海金融, 2013(1): 34-37.

[8] 戴东红. 互联网金融对小微企业融资支持的理论与实践——基于小微企业融资视角的分析 [J]. 理论与改革, 2014(4): 91-96.

[9] 丁怀寿. 对小额贷款公司发展的几点思考 [J]. 中国发展观察, 2010, 61(1): 53-54.

[10] 董晓林, 高瑾. 小额贷款公司的运营效率及其影响因素——基于江苏 227 家农村小额贷款公司的实证分析 [J]. 审计与经济研究, 2014, 29(1): 95-102.

[11] 杜晓山, 聂强, 滕超. 印度小额贷款危机及其启示 [J]. 金融发展评论, 2011(1): 90-97.

[12] 杜晓山. 发展农村普惠金融的思路和对策 [J]. 金融教学与研究, 2015(3): 3-12.

[13] 杜晓山. 商业化、可持续小额信贷的新发展——德国、阿尔巴尼亚和乌克兰小额信贷

的研讨和考察 [J]. 中国农村经济 , 2003(10): 77-79.

[14] 杜晓山 . 印度小额信贷的发展及借鉴 [J]. 现代经济探讨 , 2005(5): 37-41.

[15] 樊敏娟 . 江苏民丰农村商业银行微贷中心小额贷款项目改革策略研究 [D]. 北京 : 中国矿业大学 , 2020.

[16] 樊树钢 , 周少雅 . 基于 Delphi 和 AHP 法农村小额贷款风险评估模型的构建 [J]. 中国市场 , 2019(36):47-50.

[17] 范炜 . 构建具有浙江特色的小额贷款公司发展模式 [J]. 浙江金融 , 2010, 374(9): 30-31.

[18] 傅昌銮 , 朱西湖 . 小额贷款公司双重目标的权衡——以浙江省为例的实证分析 [J]. 农业经济问题 , 2016,37(6): 74-80.

[19] 高昕 , 李国权 . 中部地区数字普惠金融的时空演进与发展趋势 [J]. 金融理论与实践 , 2022(1): 56-64.

[20] 耿万华 , 曹探 , 吴嘉煦 . 小额贷款公司改制村镇银行问题研究及建议 [J]. 中国市场 , 2010, 565(Z2): 95-97.

[21] 耿欣 , 冯波 . 小额贷款公司运营及其可持续发展研究——以山东小贷公司为例 [J]. 山东社会科学 , 2015(1): 131-135.

[22] 郭斌 , 刘曼路 . 民间金融与中小企业发展 : 对温州的实证分析 [J]. 经济研究 , 2002(10):40-46.

[23] 郭桂霞 , 张尧 . 数字普惠金融与碳减排关系研究 [J]. 价格理论与实践 , 2022(1): 135-138.

[24] 郭沛瑶 , 尹志超 . 小微企业自主创新驱动力——基于数字普惠金融视角的证据 [J]. 经济学动态 , 2022(2): 85-104.

[25] 郭晴 , 孟世超 , 毛宇飞 . 数字普惠金融发展能促进就业质量提升吗？ [J]. 上海财经大学学报 , 2022, 24(1): 61-75.

[26] 韩亮亮 , 彭伊 , 孟庆娜 . 数字普惠金融、创业活跃度与共同富裕——基于我国省际面板数据的经验研究 [J]. 软科学 , 2022(3): 1-18.

[27] 韩喜平 , 金运 . 中国农村金融信用担保体系构建 [J]. 农业经济问题 , 2014, 35(3):37-43.

[28] 何峰 , 耿欣 . 基于区块链的金融基础设施变革与创新 [J]. 金融理论与实践 , 2016(10):

58-61.

[29]　何广文，刘甜．贫困地区农户创业的信贷需求研究——基于创业动机异质性视角 [J].
财经理论与实践，2019, 40(5): 11-18.

[30]　何广文．农民专业合作社金融服务模式探析 [J].中国农村信用合作，2009, 240(3):
26-28.

[31]　贺刚，张清，龚孟林．数字普惠金融内涵、创新与风险研究 [J].甘肃金融，2020,
503(2): 31-35.

[32]　胡金焱，梁巧慧．小额贷款公司多重目标实现的兼顾性——来自山东省的证据 [J].财
贸经济，2015(5):59-71.

[33]　胡金焱，袁力．小额信贷实现支农目标了么 ?[J].经济与管理研究，2016, 37(2): 61-69.

[34]　胡蓉．国际绿色小额信贷的发展经验以及对我国的启示 [J].中国证券期货，2013(3):
120-121.

[35]　黄国平．模式 "异化" 的网络借贷风险管理与监管 [J].财经问题研究，2015(11): 40-47.

[36]　黄伟．重庆市小额贷款公司的可持续发展研究 [D].重庆：西南大学，2020.

[37]　黄妤婕，王爱民．数字普惠金融对不同类型服务业的差异化影响研究 [J].经营与管理，
2022(6):158-164.

[38]　贾文斌．小额贷款可持续性发展与制度创新研究 [D].杭州：浙江大学，2009.

[39]　姜林．农村金融缺口、金融抑制与非正规金融 [J].经济研究导刊，2011(28): 97-100.

[40]　蒋伏心，周春平．交易成本、非正规金融与中小企业融资 [J].世界经济与政治论坛，
2009(2): 22-26.

[41]　焦瑾璞，杨骏．额信贷与农村金融 [M].北京：中信出版社，2006.

[42]　焦瑾璞．探索发展小额信贷的有效模式 [J].中国金融，2007, 608(2):36-38.

[43]　焦云霞．数字普惠金融影响网络零售业发展的机制和效应研究——基于动态空间杜宾
模型的分析 [J].价格理论与实践，2021(11): 129-133.

[44]　金婧．共同富裕背景下数字普惠金融对乡村产业振兴的影响——基于省域面板数据的
实证 [J].商业经济研究，2022(4): 177-180.

[45]　金麟根，杨云聪，张聪．破解小额贷款公司发展难题 [J].商业研究，2010, 403(11):120-

123.

[46] 康书生，杨娜娜.数字普惠金融发展促进乡村产业振兴的效应分析 [J]. 金融理论与实践，2022(2): 110-118.

[47] 孔凡尧.对金融科技企业监管的思考——以蚂蚁金服为例 [J]. 山西财税，2020(12):35-38.

[48] 孔哲礼，李兴中.贷款利率、农户违约风险与农村信用社可持续发展能力 [J]. 农业技术经济，2014(12): 76-83.

[49] 李昌荣，胡斐斐，毛顺标.借款人在 P2P 小额贷款市场中的信用行为——基于博弈论的分析 [J]. 南方金融，2015(9): 28-34.

[50] 李昊.民间借贷阳光化——以浙江地区的民间资本为例 [J]. 中国商界 (下半月)，2009(7):182.

[51] 李梅，刘豪.小额贷款公司对症中小企业融资难 [J]. 西部论丛，2008(10): 36-38.

[52] 李梦思.基于区块链的扶贫小额信贷信用风险管理研究 [D]. 武汉：武汉理工大学，2017.

[53] 李明.我国小额贷款公司风险管理研究 [D]. 长沙：中南大学，2014.

[54] 李涛，王志芳，王海港，等.中国城市居民的金融受排斥状况研究 [J]. 经济研究，2010, 45(7): 15-30.

[55] 李文中.小额贷款保证保险在缓解小微企业融资难中的作用——基于银、企、保三方的博弈分析 [J]. 保险研究，2014(2): 75-84.

[56] 李永平，胡金焱.设立小额贷款公司的政策目的达到了吗？——以山东省为例的调查分析 [J]. 山东社会科学，2011(1): 82-87.

[57] 李玉秀.我国互联网消费金融与传统消费金融的比较研究 [J]. 北京金融评论，2016(4): 19-29.

[58] 林毅夫，孙希芳.信息、非正规金融与中小企业融资 [J]. 经济研究，2005(7): 35-44.

[59] 林毅夫.关于我国经济改革近中期措施的建议 [J]. 改革，1989(4): 36-44.

[60] 林毅夫：培育农村金融本土力量 [J]. 经济研究信息，2008(8): 3-6.

[61] 刘大耕.小额信贷必须走持续发展之路 [J]. 中国农村信用合作，1999(12): 4-6.

[62] 刘国防，齐丽梅.农村小额贷款公司发展问题研究 [J].经济纵横，2009, 289(12): 94-97.

[63] 刘洪泽.小额贷款公司信贷资产证券化交易结构设计及定价研究 [D].哈尔滨：哈尔滨工业大学，2014.

[64] 刘琪，疏雨，何旻玖.互联网金融下的资产证券化——以东证资管阿里小贷为例 [J].当代经济，2015(20):30-31.

[65] 刘心怡，黄颖，黄思睿，等.数字普惠金融与共同富裕：理论机制与经验事实 [J].金融经济学研究，2022(1): 1-15.

[66] 刘勇，李睿.农业补贴、非正规金融是否刺激了农户正规信贷需求？——基于 CHFS 调查数据的经验分析 [J].西部论坛，2018, 28(2): 9-16.

[67] 陆怡伽，罗韵轩.供给侧结构性改革下我国绿色金融模式创新 [J].现代企业，2017(6): 6-7.

[68] 马光荣，杨恩艳.社会网络、非正规金融与创业 [J].经济研究，2011, 46(3): 83-94.

[69] 马九杰，吴本健.互联网金融创新对农村金融普惠的作用：经验、前景与挑战 [J].农村金融研究，2014(8): 5-11.

[70] 庞标丹.湖北低碳农业的政策性金融支持法律问题研究 [D].武汉：华中农业大学，2012.

[71] 庞小凤，邹震田.我国小额贷款公司资产证券化业务分析 [J].经济体制改革，2017(2): 144-149.

[72] 钱进.上海小额贷款公司发展呈现"四种模式" [N].金融时报，2009-02-14(3).

[73] 钱水土，翁磊.社会资本、非正规金融与产业集群发展——浙江经验研究 [J].金融研究，2009(11): 194-206.

[74] 秦洪涛.数字普惠金融环境下小额信贷的发展 [J].清华金融评论，2016(12): 43-45.

[75] 秦颐，焦瑾璞.小额贷款公司融资方式述评 [J].金融理论与实践，2014(2): 89-93.

[76] 秦颐.小额贷款公司融资方式研究 [D].北京：中国农业大学，2014.

[77] 邱俊如.浙江省小额信贷创新实践与持续发展研究 [J].生产力研究，2011(5): 82-84.

[78] 任太增，殷志高.数字普惠金融与中国经济的包容性增长：理论分析和经验证据 [J].管理学刊，2022, 35(1): 23-35.

[79] 芮琳琳. 数字金融普惠机制及其作用路径——以零售业为例 [J]. 商业经济研究，2021(23): 31-34.

[80] 盛学军. 互联网信贷监管新规的源起与逻辑 [J]. 政法论丛，2021(1): 92-104.

[81] 石宝峰，刘锋，王建军，等. 基于 PROMETHEE-II 的商户小额贷款信用评级模型及实证 [J]. 运筹与管理，2017, 26(9): 137-147.

[82] 石宝峰，王静，迟国泰. 普惠金融、银行信贷与商户小额贷款融资——基于风险等级匹配视角 [J]. 中国管理科学，2017, 25(9): 28-36.

[83] 石宝峰，王静. 基于 ELECTRE III 的农户小额贷款信用评级模型 [J]. 系统管理学报，2018, 27(5): 854-862.

[84] 舒歆. 农户信用评价指标体系构建——基于河南省 X 市农村信用社的实证研究 [J]. 征信，2015,33(5):63-67.

[85] 宋伟，杨海芬. 数字普惠金融对农村家庭创业的影响研究 [J]. 农业经济，2022(2): 113-114.

[86] 宋伟，张保珍，杨海芬. 数字普惠金融对农户创业的影响机理及实证分析 [J]. 技术经济与管理研究，2022(2): 99-104.

[87] 宋晓桐. 我国小额贷款公司利率定价问题的探讨 [J]. 浙江金融，2010,3 66(1): 26, 23.

[88] 宋玉茹. 中国数字普惠金融发展分布特征测度 [J]. 区域金融研究，2022(2): 11-18.

[89] 孙斌山. 精准扶贫背景下农村商业银行小额贷款扶贫绩效研究 [D]. 兰州：兰州大学，2019.

[90] 孙宁. 金融科技背景下，对农村普惠金融的发展研究 [J]. 金融经济，2019, 514(16): 5-8.

[91] 孙若梅：小额信贷能否瞄准最贫困户 [Z].2006-11-30.

[92] 唐敏，马丽斌，马纪英. 我国村镇银行信用风险防范策略研究 [J]. 时代金融，2014(2):146-147.

[93] 王绯. 小额贷款的模式与信贷技术研究 [D]. 北京：对外经济贸易大学,2007.

[94] 王会芝. 美国绿色小额信贷发展的经验与启示 [J]. 经济界，2014(3): 81-84.

[95] 王李. 对商业银行小额信贷业务内部控制有效性的探讨 [J]. 税务与经济，2015(4):63-66.

[96]　王亮，蒋依铮．数字普惠金融、技术创新与经济增长——基于交互影响与空间溢出效应的分析 [J]. 金融与经济，2022(4): 33-44.

[97]　王露祎，宁秀云．阿里金融小额信贷运行模式及其风险控制研究 [J]. 现代商业，2014(9): 130-131.

[98]　王曙光，王丹莉．边际改革、制度创新与现代农村金融制度构建 (1978—2008). 财贸经济杂志，2008(12) : 5-10,140.

[99]　王伟，田杰，李鹏．我国金融排除度的空间差异及影响因素分析 [J]. 金融与经济，2011(3): 13-17.

[100]　王曦．数字普惠金融环境下小额信贷业务创新研究 [D]. 长沙：湖南农业大学，2020.

[101]　王小华，韩林松，温涛．惠农贷的精英俘获及其包容性增长效应研究 [J]. 中国农村经济，2021(3): 106-127.

[102]　王雪祺，耿军会．河北省绿色小额信贷可持续路径探析——以保定市为例 [J]. 商场现代化，2016(20): 221-222.

[103]　王燕．惠民小额贷款公司企业客户信用评级指标体系优化研究 [D]. 兰州：兰州大学，2020.

[104]　王煜宇，刘乃梁．新型农村金融机构的制度障碍与法律完善 [J]. 西北农林科技大学学报 (社会科学版), 2016, 16(2): 117-125.

[105]　王志军．金融排斥：英国的经验 [J]. 世界经济研究，2007(2): 64-68.

[106]　温涛，刘达，王小华．"双重底线"视角下微型金融机构经营效率的国际比较研究 [J]. 中国软科学，2017(4): 25-40.

[107]　温文凤．万意小额贷款公司客户信用风险评价指标体系研究 [D]. 兰州：兰州大学，2020.

[108]　吴国宝．扶贫模式研究：中国小额信贷扶贫研究 [M]. 北京：中国经济出版社，2001.

[109]　吴晓灵．小额信贷的春天还有多远 [J]. 资本市场，2011(6): 16-17.

[110]　伍丁姣．数字普惠金融视角下的小额信贷金融创新 [D]. 广州：暨南大学，2018.

[111]　谢世清，陈方诺．农村小额贷款模式探究——以格莱珉银行为例 [J]. 宏观经济研究，2017(1):148-155.

[112] 谢玉梅，王芳，包兴林．精准扶贫小额信贷创新个案研究——以贵州省雷山县为例 [J]. 贵州社会科学，2016(10): 24-29.

[113] 辛道．阿里巴巴小额贷款资产证券化案例研究 [D]. 广州：暨南大学，2014.

[114] 熊园．海南省发展绿色小额信贷的对策研究 [D]. 海口：海南大学，2016.

[115] 徐洁，隗斌贤，揭筱纹．互联网金融与小微企业融资模式创新研究 [J]. 商业经济与管理，2014(4): 92-96.

[116] 徐静娴，饶海琴．网络金融下的资产证券化：东证资管阿里小贷模式分析 [J]. 新金融，2014(8): 55-57.

[117] 徐丽娜，张志远．小额贷款公司与中小企业融资解析 [J]. 北京社会科学，2016(3):84-87.

[118] 徐荣贞，何婷婷，王森．数字普惠金融发展对降低农户家庭金融脆弱性的影响研究——基于 Ordered Probit 模型的分析 [J]. 价格理论与实践，2021(11): 91-95.

[119] 徐少君，金雪军．国外金融排除研究新进展 [J]. 金融理论与实践，2008(9): 86-91.

[120] 徐少君，金雪军．农户金融排除的影响因素分析——以浙江省为例 [J]. 中国农村经济，2009(6): 62-72.

[121] 徐婉．数字普惠金融背景下的小额信贷金融创新 [D]. 南昌：江西师范大学，2020.

[122] 徐玮，谢玉梅．扶贫小额贷款模式与贫困户贷款可得性：理论分析与实证检验 [J]. 农业经济问题，2019(2):108-116.

[123] 闫桂权，何玉成，张晓恒．数字普惠金融发展能否促进农业机械化——基于农机作业服务市场发展的视角 [J]. 农业技术经济，2022(1): 51-64.

[124] 闫浩月．浅谈数字普惠金融下小额信贷的发展创新 [J]. 财富生活，2020(14): 13-14.

[125] 杨东．用法律红线整治不良"校园网贷" [J]. 人民论坛，2016(34):83-85.

[126] 杨帆．金融扶贫视角下绿色小额信贷发展研究综述 [J]. 财富时代，2020(10): 25-26.

[127] 杨刚，张亨溢．数字普惠金融、区域创新与经济增长 [J]. 统计与决策，2022, 38(2): 155-158.

[128] 杨虎锋，何广文．治理机制对小额贷款公司绩效的影响——基于 169 家小额贷款公司的实证分析 [J]. 中国农村经济，2014(6): 74-82.

[129] 杨小丽，董晓林．农村小额贷款公司的贷款结构与经营绩效：以江苏省为例 [J]. 农业

技术经济 ,2012(5): 70-78.

[130] 杨轶华 , 顾洪梅 , 田颖 , 等 . 风险约束下农村绿色小额信贷的最优贷款利率 [C]. 北京 : 中国国有经济发展论坛 , 2013.

[131] 杨哲 , 黄迈 . 基于社区银行视角的农村金融服务渠道创新及政策支持建议 [J]. 南方金融 ,2019(12): 76-83.

[132] 杨竹清 , 张超林 . 村镇银行的扶贫效应 : 省域视角下的研究 [J]. 南方金融 ,2019(2): 87-97.

[133] 姚名睿 . 金融科技跨界生态监管思路探索 [J]. 清华金融评论 , 2021(2): 91-94.

[134] 姚耀军 , 和丕禅 . 中国农业信贷与农业 GDP(1978—2001): 一个协整分析 [J]. 上海经济研究 , 2004(8):3-9.

[135] 姚耀军 . 非正规金融发展的区域差异及其经济增长效应 [J]. 财经研究 , 2009(12): 129-139.

[136] 叶湘榕 . P2P 借贷的模式风险与监管研究 [J]. 金融监管研究 , 2014(3): 71-82.

[137] 衣柏衡 , 朱建军 , 李杰 . 基于改进 SMOTE 的小额贷款公司客户信用风险非均衡 SVM 分类 [J]. 中国管理科学 , 2016,24(3):24-30.

[138] 于转利 , 赵国栋 . 西部小额信贷机构效率分析——16 个样本比较 [J]. 开发研究 ,2011(3): 102-106.

[139] 郁国培 . 我省小额贷款公司发展现状、问题与对策 [J]. 浙江金融 , 2009, 363(10): 8-9.

[140] 曾刚 , 万志宏 . 小额金融机构的可持续发展研究——基于国际经验的初步考察 [J]. 金融理论与实践 , 2009(7): 3-8.

[141] 张兵 , 李娜 . 数字普惠金融对农村劳动力非农转移的影响研究——基于 CFPS 数据的实证分析 [J]. 兰州学刊 , 2022(5): 1-16.

[142] 张春莉 . 农村普惠金融之法制路径 : 基于国际小额信贷的启示 [J]. 江苏社会科学 , 2019(6): 175-181.

[143] 张惠光 , 冯晶 , 马朝阳 . 政策性金融机构提供绿色小额信贷的可行性分析 [J]. 时代金融 , 2013, 517(15): 225-226.

[144] 张杰 . 农户、国家与中国农贷制度 : 一个长期视角 [J]. 金融研究 ,2005(2):1-12.

[145] 张金林，董小凡，李健 . 数字普惠金融能否推进共同富裕？——基于微观家庭数据的经验研究 [J]. 财经研究，2022(7): 1-15.

[146] 张桦成 . 农村信用体系建设与农户小额贷款研究 [D]. 北京：中国社会科学院，2017.

[147] 张楷卉 . 城乡数字鸿沟、数字普惠金融与农村家庭财富 [J]. 技术经济与管理研究，2022(2): 69-74.

[148] 张磊 . 阿里小贷业务发展模式研究 [D]. 呼和浩特：内蒙古大学,2014.

[149] 张龙耀，杨骏，程恩江 . 融资杠杆监管与小额贷款公司"覆盖率—可持续性"权衡——基于分层监管的准自然实验 [J]. 金融研究，2016(6): 142-158.

[150] 张龙耀，于一，杨军 . 微型金融的普惠效应实证研究——基于 6 省 4220 户农户调查数据 [J]. 农业技术经济，2021(2): 88-99.

[151] 张铭心，谢申祥，强皓凡，等 . 数字普惠金融与小微企业出口：雪中送炭还是锦上添花 [J]. 世界经济，2022, 45(1): 30-56.

[152] 张睿，钱晔杭，杨如冰 . 对小额贷款公司贷款情况的调查分析——基于全国小额贷款公司抽样调查 [J]. 金融与经济，2015(8): 64-68.

[153] 张若瑾 . 创业补贴、小额创业贷款政策对回流农民工创业意愿激励实效比较研究——一个双边界询价的实证分析 [J]. 农业技术经济，2018(2): 88-103.

[154] 张舒平，杨宏铭，赵小平 . 对小额贷款公司经营模式的调查及思考：以石林县为例 [J]. 时代金融，2012(2): 64-66.

[155] 张万军，林汉川，邢珺 . 通过资产证券化解决小额贷款公司融资困境：以中和农信小额贷款资产支持专项计划为例 [J]. 现代管理科学，2015(8): 39-41.

[156] 张勋，万广华，张佳佳，等 . 数字经济、普惠金融与包容性增长 [J]. 经济研究，2019, 54(8): 71-86.

[157] 张燕，陈胜 . 绿色小额信贷：我国农民环境权保护之新路径探讨 [C]. 第十一届全国区域经济学学科建设年会暨生态文明与区域经济发展学术研讨会论文集，2012.

[158] 张燕，陈胜，侯娟 . 绿色小额信贷助推我国农民环境权实现的探析 [J]. 华中农业大学学报 (社会科学版)，2013(3):118-123.

[159] 张燕，庞标丹，侯娟 . 绿色小额信贷：低碳农业的政策性金融支持路径探析 [J]. 武汉

金融，2011(2):32-35.

[160] 张怡铭，李佳峰. 诈骗花呗额度行为的定性分析 [J]. 中国检察官，2020(22):3-8.

[161] 张亦男，刘璐，李莎莎，等. 河北张家口开展绿色小额信贷现状调研分析 [J]. 现代营销（下旬刊），2016(4): 176-177.

[162] 张玉梅，王子柱. 农户小额贷款新型模式研究 [J]. 农村经济,2010(3): 54-57.

[163] 张玉梅. P2P 小额网络贷款模式研究 [J]. 生产力研究，2010(12):162-165.

[164] 张兆曦，赵新娥. 互联网金融的内涵及模式剖析 [J]. 财会月刊，2017(2):84-91.

[165] 张正平，窦慧敏，魏楠. 新型农村金融机构瞄准目标客户影响因素研究——基于普惠金融视角的实证检验 [J]. 经济与管理评论，2019, 35(3): 71-81.

[166] 张正平，杨丹丹. 市场竞争、新型农村金融机构扩张与普惠金融发展——基于省级面板数据的检验与比较 [J]. 中国农村经济，2017(1): 30-43.

[167] 赵雪梅. 小额贷款公司运营效率及其影响因素实证分析——以甘肃省为例 [J]. 西北师范大学学报（社会科学版），2015, 52(4): 139-144.

[168] 植凤寅. 小城镇建设的投融资问题——以宁波市和三明市实践为例 [J]. 中国金融，2010(10): 3.

[169] 植凤寅. 小额贷款公司的喜与忧 [J]. 中国金融，2009(14): 78-81.

[170] 中国小额信贷社会绩效管理研究课题组，杜晓山，张群. 商业性小额信贷社会绩效评价——基于哈尔滨银行的案例分析 [J]. 农村金融研究，2011(4): 63-68.

[171] 钟凯，梁鹏，董晓丹，等. 数字普惠金融与商业信用二次配置 [J]. 中国工业经济，2022(1): 170-188.

[172] 钟凯，梁鹏，王秀丽，等. 数字普惠金融有助于抑制实体经济"脱实向虚"吗？——基于实体企业金融资产配置的分析 [J]. 国际金融研究，2022(2): 13-21.

[173] 周小川. 关于农村金融改革的几点思路 [J]. 新华文摘,2004(21): 38-38.

[174] Abid L, Kacem S. Why are We Going to Green Microfinance in Tunisia?[J]. Environmental Economics, 2018,9(4).

[175] Adams D W, Douglas H G, von Pischke J D. Undermining Rural Development with Cheap Credit[M]. Boulder CO.: Westview Press, 1984.

[176]   Adams D W, Von Pischke J D. Microenterprise Credit Programs: Déjàvu[J]. World Development, 1992, 20(1): 1463-1470.

[177]   Afrane S. Impact Assessment of Microfinance Interventions in Ghana and South Africa: A Synthesis of Major Impacts and Lessons[J]. Journal of Microfinance, 2002, 4(1): 37-58.

[178]   Aghion B A, Morduch J. The Economics of Microfinance[M].Cambridge: The MIT Press, 2005.

[179]   Aidan H, Arthur S. Microcredit in Prefamine Ireland[J]. Explorations in Economic History, 1998(35): 347-380.

[180]   Allet M, Hudon M. Green Microfinance: Characteristics of Microfinance Institutions Involved in Environmental Management[J]. Journal of business ethics, 2015,126(3):395-414.

[181]   Allet M. Why Do Microfinance Institutions Go Green? An Exploratory Study[J]. Journal of Business Ethics, 2014, 122(3): 405-424.

[182]   Anderson C L, Gugerty M K, Levine R O et al. Microfinance and HIV/AIDS: Five Key Questions on Program Impact[J]. Washington, D.C.:University of Washington, 2002.

[183]   Bansal P, Roth K. Why Companies Go Green: A Model of Ecological Responsiveness[J]. Academy of Management Journal, 2000, 43(4): 717-736.

[184]   Bawoke A T. The Role of Microfinance in Environmental Governance: With a Focus on Payments for Ecosystem Services[J]. International Journal of Green Economics, 2021,15(2).

[185]   Besley T, Robin B. Halving global poverty[J]. Journal of Economic Perspectives, 2003(3).

[186]   Bhatt N. Can Microcredit Work in the United States?[J] Harvard Business Review, 1999(77): 26-27.

[187]   Bhatta G. "Small Is Indeed Beautiful but..." : The Context of Microcredit Strategies in Nepal[J]. Policy Studies Journal, 2001, 29: 283-295.

[188]   Bolnick B R, Nelson E R. Evaluating the Economic Impact of a Special Credit Programme: KIK/KMKP in Indonesia[J]. Journal of Development Studies, 1989, 26(2):299-312.

[189]   Buckley G. Microfinance in Africa: Is it Either the Problem or the Solution?[J]. World

Development, 1997, 25(7):1081-1093.

[190] Chia L, Counts A. Microfinance Regulation and the Chinese Context: Opportunity for Making a Major Impact on Reducing Poverty[EB/OL]. （2008-03-25） [2020-03-01]. http://www.grameenfoundation.org/docs/programs/MF_Regulation_Chinese_Context_Sep2003.pdf.

[191] Christen R P， Rosenberg R. Regulating Microfinance—The Options[J]. Small Enterprise Development, 2000, 11(4):4-23.

[192] Coleman B E. The Impact of Group Lending in Northeast Thailand[J]. Journal of Development Economics, 1999, 60(1): 105-141.

[193] Conning J. Outreach, Sustainability and Leverage in Monitored and Peer-monitored Lending[J]. Journal of Development Economics, 1999, 60(1): 51-77.

[194] Cook R G, Paul B, Kristen L et al. A Case Study of Microenterprise Training: Beta Test Findings and Suggestions for Improvement[J]. Journal of Developmental Entrepreneurship, 2001, (6): 255-267.

[195] Copestake J, Sonia B, Susan J. Assessing the Impact of Microcredit: A Zambian Case Study[J]. The Journal of International Development Studies, 2001, 37(4): 81-100.

[196] Daley-Harris S. State of the Microcredit Summit Campaign Report 2009[M]. Washington, D.C.: Microcredit Summit Campaign, 2009.

[197] DeYoung R, Glennon D, Nigro P. Borrower–lender Distance, Credit Scoring, and Loan Performance: Evidence from Informational-opaque Small Business Borrowers[J]. Journal of Financial Intermediation, 2008,17(1):113-143.

[198] Dumas C. Evaluating the Outcomes of Microenterprise Training for Low Income Women: A Case Study[J]. Journal of Developmental Entrepreneurship, 2001 (6): 97-129.

[199] Dunn E，Arbuckle J G. Microcredit and Microenterprise Performance: Impact Evidence from Peru[J]. Small Enterprise Development, 2001,12(4): 22-33.

[200] Edgcomb E L. What Makes for Effective Microenterprise Training?[J]. Journal of Microfinance, 2002(4): 99-114.

[201] Fenton A, Paavola J, Tallontire A. The Role of Microfinance in Household Iivelihood Adaptation in Satkhira District, Southwest Bangladesh[J]. World Development, 2017 (92):192-202.

[202] Forcella D, Hudon M. Green Microfinance in Europe[J]. Journal of Business Ethics, 2016,135(3):445-459.

[203] Fuller R A，Gaston K J. The Scaling of Green Space Coverage in European Cities[J]. Biology Letters, 2009, 5(3):352-355.

[204] Geoffrey R A, Lisa J. Entrepreneurial Value Creation Through Green Microfinance: Evidence from Asian Microfinance Lending Criteria[J]. Asian Business & Management, 2011,10(3).

[205] Gibbons D S, Kasim S. Banking on the Rural Poor[M]. Malaysia: Center for Policy Research, 1990.

[206] Goldmark L. Microenterprise Development in Latin America: Towards a New Flexibility[J]. The Journal of Socio-economics, 2001, 30(2): 145-149.

[207] Gonzalez A. Efficiency Drivers of Microfinance Institutions (MFIs): The Case of Operating Costs[J]. Social Science Electronic Publishing, 2009, 15(15):37.

[208] González-Vega L, Lombardi, H, Recio T et al. Spécialisation de la Suite de Sturm[J]. Informatique Théorique et Applications, 1994(28): 1-24.

[209] Hammill A, Matthew R, McCarter E. Microfinance and Climate Change Adaptation[J]. IDS Bulletin, 2008, 39 (4): 113-122.

[210] He, GG，Du XS，Bai CY et al. China Microfinance Industry Assessment Report[R]. China Association of Microfinance，2009.

[211] Helms B, Reille X. Interest Rates Ceilings and Microfinance: The Story So far[R]. Washington D.C.: CGAP Occasional Paper, 2004.

[212] Hermes N, Lensink R. Microfinance: Its impact, outreach, and sustainability[J]. World Development, 2011,39(6):875-881.

[213] Hollis A, Sweetman A. Microcredit: What Can We Learn from the Past?[J]. World Development, 1998, 26(10): 1875-1891.

[214] Hossain M. Credit for Alleviation of Rural Poverty: The Grameen Bank in Bangladesh[J]. Research Reports, 1988, 65(3).

[215] Hulme D. Impact Assessment Methodologies for Microfinance: Theory, Experience and Better Practice[J]. World Development, 2000, 28(1):79-98.

[216] Jain B A. Predictors of Performance of Venture Capitalist-backed Organizations[J]. Journal of Business Research, 2001, 52(3): 223-233.

[217] Kaiser H F. An Index of Factorial Simplicity[J]. Psychometrika, 1974, 39(1):31-36.

[218] Kazeem B L O, Olayiwola S O. Digital Banking, Managerial Opportunism and the Performance of Microfinance Banks in Nigeria[J]. Journal of Policy and Development Studies, 2020,12(2).

[219] Kazi A R. Green Microfinance Promoting Green Enterprise Development[J]. Humanomics, 2012,28(2).

[220] Laitinen, E. A Dynamic Performance Measurement System: Evidence from Small Finnish Technology Companies[J]. Scandinavian Journal of Management, 2002, 18(1): 65-99.

[221] Manta. O. Rural Microfinance Development in Digital and Social Platform,Think-tank Technologies Applying to Rural Microfinance.[J]. International Journal of Advanced Research, 2017,5(5).

[222] Mashura S, Nazmul H M M R et al. Sustainable Pesticide Governance in Bangladesh: Socio-economic and Legal Status Interlinking Environment, Occupational Health and Food Safety[J]. Environment Systems and Decisions, 2017,37(3).

[223] McKinnon R I. The Mechanics of International Money: A Study of the Bretton Woods System[J]. Journal of International Economics, 1973, 3(1):99-100.

[224] Meehan J. Tapping Financial Markets for Microfinance[M]. Washington, D.C.: Grameen Foundation, 2004.

[225] Morduch, J. The Microfinance Schism[J]. World Development, 2000,28(4): 617-629.

[226] Moser R M B, Gonzalez L. Microfinance and Climate Change Impacts: The Case of Agroamigo in Brazil[J]. Rae-revista de Administracao de Empresas, 2015,55(4):397-407.

[227] Mosley P, Hulme D. Microenterprise Finance: Is There a Conflict Between Growth and Poverty Alleviation?[J]. World Development Oxford, 1998, 26(5):783-790.

[228] Mosley, P. Microfinance and Poverty in Bolivia[J]. Journal of Development Studies, 2001, 37(4):101-132.

[229] Navajas S, Schreiner M, Meyer R et al. Microcredit and the Poorest of the Poor: Theory and Evidence from Bolivia[J]. World Development, 2000, 28(2): 333-346.

[230] Nourse, T. The Missing Parts of Microfinance[J]. SAIS Review, 2001, 21(1): 61-70.

[231] Osei Assibey E, Bokpin G A, Twerefou D K. Microenterprise Financing Preference[J]. Journal of Economic Studies, 2012,39(1):84-105.

[232] Park A, Ren C. Microfinance with Chinese Characteristics[J]. World Development, 2001, 29(1):39-62.

[233] Perry D. Microcredit and Women Moneylenders: The Shifting Terrain of Credit in Rural Senegal[J]. Human Organization, 2002, 61(1):30-40.

[234] Platteau J, De Bock O, Gelade W. The Demand for Microinsurance: A Literature Review[J]. World Development, 2017(94): 139-156.

[235] Pollinger J J, Outhwaite J, Cordero-guzmán H. The Question of Sustainability for Microfinance Institutions[J]. Journal of Small Business Management, 2007,45(1):23-41.

[236] Pretes M. Microequity and Microfinance[J]. World Development, 2002(30): 1341-1353.

[237] Rafael M B M, Lauro G. Green Microfinance: A New Frontier to Inclusive Financial Services[J]. RAE: Revista de Administração de Empresas, 2016,56(2).

[238] Robinson M S. Addressing Some Key Questions on Finance and Poverty[J]. Journal of International Development, 1996(8): 153-163.

[239] Robinson M S. The Microfinance Revolution[M]. Washington, D.C.: World Bank, 2001.

[240] Rosenberg R. Core Performance Indicators for Microfinance [R]. CGAP, 2002.

[241] Schmidt R H. Development Finance, Microfinance and Banking Regulation[R]. IPC, Internationale Projekt Consult, 2008.

[242] Schreiner M, Colombet H H. From Urban to Rural: Lessons for Microfinance from

Argentina[J]. Development Policy Review, 2002, 19(3): 339-354.

[243] Schreiner M, Gary W. Microenterprise Development Programs in the United States and in the Developing World[J]. World Development, 2003(31): 1567-1580.

[244] Schreiner M. Self-employment, Microenterprise, and the Poorest Americans[J]. The Social Service Review, 1999(73): 496-523.

[245] Seibel H D. History Matters in Microfinance[J]. Research Gate, 2003.

[246] Sinha D, Sinha T. An Exploration of the Long-Run Relationship between Saving and Investment in the Developing Economies: A Tale of Latin American Countries[J]. Journal of Post Keynesian Economics, 1998, 20(3): 435-443.

[247] Smith P, Thurman E. A Billion Bootstraps: Microcredit, Barefoot Banking and the Business Solution for Ending Poverty[M]. New York: McGraw Hill, 2018.

[248] Smith S C. Village Banking and Maternal and Child Health: Evidence from Ecuador and Honduras[J]. World Development, 2002(30): 707-723.

[249] Snow D R, Terry F B. Development and the Role of Microcredit[J]. Policy Studies Journal, 2001(29): 296-307.

[250] Starobin S. Sustainability at the Crossroads of Finance, Social Responsibility and the Environment: A Primer on Microfinance for Conservation Practitioners[J]. Microfinance, 2008.

[251] Stephens M C. Promoting Responsible Financial Inclusion: A Risk-based Approach to Supporting Mobile Financial Services Expansion[J]. Banking & Finance Law Review, 2012,27(2):329.

[252] Stiglitz J, Weiss A. Sorting Out the Differences Between Signaling and Screening Models[J]. NBER Technical Working Papers, 1990.

[253] Sundaresan S，Elgar E. Microfinance: Emerging Trends and Challenges[M]. Cheltenham: Edward Elgar Publishing LTD, 2008.

[254] Van Tassel E. Group Lending under Asymmetric Information[J]. Journal of Development Economics, 1999, 60(1): 3-25.

[255] Vento G A, Torre M L. Microfinance[M]. New York: Palgrave Macmillan, 2006.

[256] Vijayalakshmi S, Ruski M. Digital Transformation:The Next Big Leap in Microfinance[J]. Paridnya - The MIBM Research, 2017,5(1).

[257] Von Pischke J. Measuring the Trade-off Between Outreach and Sustainability of Microenterprise Lenders[J]. Journal of International Development, 1996, 8(2): 225-239.

[258] Wang Z, Zhang D, Wang J. How Does Digital Finance Impact the Leverage of Chinese Households?[J]. Applied Economics Letters, 2022,29(6):555-558.

[259] Woller G M, Dunford C, Warner W. Where to Microfinance?[J]. International Journal of Economic Development, 1999, 1(1): 29-64.

[260] Woller G, Robert P. Assessing the Community Economic Impact of Microfinance Institutions[J]. Journal of Developmental Entrepreneurship, 2002(7): 133-150.

[261] Woller G, Warner W. Microcredit as a Grass-roots Policy for International Development[J]. Policy Studies Journal, 2001 (29): 267-282.

[262] Woller G, Wheeler G, Checketts N. Evaluation Practices in Microcredit Institutions[J]. Journal of Developmental Entrepreneurship, 1999, 4(1).

[263] Woller G. The Promise and Peril of Microfinance Commercialization[J]. Small Enterprise Development, 2002, 13(4): 12-21.

[264] Yallapragada R R, Bhuiyan M. Small Business Entrepreneurships in The United States[J]. Journal of Applied Business Research, 2011,27(6):117.

[265] Yaron J. Successful Rural Finance Institutions[R]. Washington D.C.:World Bank, 1992.

附　　录

附录 A　典型案例分析：美国富国银行

在美国，小额信贷模式的成功典范是富国银行。富国银行是基于美国的征信系统和社会信用记录设计的适合小微企业、个人借款信用评分模型，其贷款业务通过网络运作，多数微贷决策由计算机自动做出，少数由信贷员参照电脑判断后复核做出。

长期以来，小企业创造了美国 40% 以上的国内生产总值，雇用了半数以上的劳动力，创造了 3/4 的新就业机会，庞大的小企业经济问题带来巨大的潜在的借款需求和多种交叉销售的机会。但由于传统信贷模式的束缚，1990 年前富国银行在小企业借款方面并无突破，而且内部研究也表明传统的小企业借款并不盈利。

20 世纪 90 年代始，为了降低费用，同时也为了应对越来越激烈的市场竞争，富国银行将信用评分技术引入小企业贷款业务中，着手设计第一代信用评分卡，利用信用评分卡直接发放小企业贷款。这里，小企业贷款的内部定义为向销售小于 200 万美元的企业发放的最高额度为 10 万美元的无抵押循环贷款。新的贷款方式运行第一年就贷出了 20 亿美元，贷款余额也由 4 亿美元猛增到 10 亿美元。到了 2004 年，富国银行已经连续多年在全美小企业贷款业务上名列第一，全美市场占有率达到 15%，坏账率也一直低于最初的假设。在现有的 45 万名客户中，客户平均销售额为 2 万美元，70% 的客户有小于 5 个雇员，客户平均信贷额约为 2 万美元，平均存款约为 7000 美元，平均经营年限为 13 年，成为银行客户的经营年限约为 6 年。目前，富国银行拥有 230 多亿美元信贷额度和 90 亿美元余额，其中 90% 属于非抵押贷款。而且，小企业贷款业务盈利在 10 年来飞速增长。

典型的富国银行小企业贷款分为三个步骤：市场营销及新产品开发、风险及信用评分及售后客户业务管理。其中第二步是与传统贷款区别最大的地方。

信用评分技术的运用带来了极大的便利。首先，贷款过程的自动化极大地提高了操作效率，降低了费用。其次，由于能够通过信用评分技术较为准确地衡量贷款风险，传统的贷款要求比如纳税单、财务报表、抵押品和周期性的审核等都不再需要。另外，利用信用评分卡所做的决定具有一致性，可以进行有效的管理和监控。

当然，风险及信用评分这一步骤很重要，但它只是整个信贷流程中的一个环节，市场营销及新产品开发和售后客户业务管理两个环节不可忽略，发挥着重要的作用。不过信用评分技术也向其他环节渗透，通过建立行为评分和催收评分模型等帮助提高决策效率和准确性。

附录 B　典型案例分析：德国 IPC 技术

与富国银行不同，作为一家咨询公司，IPC 的业务和目标是为以小微企业贷款业务为主的银行提供一体化的咨询服务（即传统的咨询服务与承担项目实施的管理责任结合），与参与项目的合作银行开展可持续的微贷服务，为小微企业提供融资。

IPC 的信贷技术主要包括三部分：一是考察借款人偿还借款的能力；二是衡量借款人偿还借款的意愿；三是控制银行内部操作风险。

在评估客户偿还借款的能力方面，强调以整个经济单位（业主家庭和企业）作为分析的对象，偿还借款的责任由个体经济单位承担。信贷员要亲自访问客户的经营场所和家庭住宅，与客户的朋友亲人进行面对面的接触，通过标准化的分析手段，获取借款人真实的财务状况，对客户未来的现金流量进行分析。比如，什么时候企业需要一笔特定的资金、什么时候客户家里的小孩要交学费、有没有在外工作的家人定期汇款回家，等等。同时，基于客户记录的评价，结合实际情况进行贷款借款风险评估，然后依据客户的实际情况确定还款计划。小微企业的财务数据不作为评估业主偿还能力的重要指标。

关于客户的还款意愿，IPC 会首先评估客户个人的信用状况，具体衡量指标包括个人声誉、信用历史、贷款申请等的整体情况和其所处的社会环境。然后，要求很严格的抵押品，比如，家用电器或者企业的核心资产等，都是对贷款人来说非常重要的东西，以降低客户的道德风险。IPC 积极地鼓励客户还款，包括能得到的更大金额和更优惠条件的贷款，以及获取永久性的融资途径等，也有助于增强客户的还款意愿。同时，放款机构对收回贷款的投资程度也必须重视。

在控制银行操作风险方面，IPC 强调内部制度建设，重视建立非正规的小微企业和正规商业银行之间的关系，把小微贷款变成正规的、商业上可行的银行产品，并且成为银行整体战略的一部分。同时，着重建立和实施简捷有效的微小贷款程序，降低交易成本。另外，为合作银行培养各个层次必要的能力（信贷员、中层管理人员和辅助部门），在一个清晰的组织结构下分配责任，引入有效的激励机制，并保证足够的公司治理，都是制度建设的重点内容。

银行对人才的激励和约束机制是 IPC 技术制度建设的核心内容，也是整个 IPC 信贷技术最有特色、最为成功的地方。本着"以人为本"的管理理念，IPC 帮助合作银行建立了稳定的、劳动密集型的客户经理制度，也培养了一定数量的具有较高素质的信贷员。责任追究制度，是指信贷员对一笔贷款的全过程负责，其收入也直接跟信贷业绩挂钩。这就促使信贷员既要关心贷款的规模，又要高度重视资产的质量，必须通过频繁地访问客户来获取大量的"软信息"，严格地监控客户以降低违约贷款率。IPC 在下培训中努力灌输"资产质量是生命线"的信贷文化理念，对风险贷款责任人形成强大的心理压力，同时，也利用会员行向客户灌输"违约行为零容忍度"的信用观念，结合实际情况设计催收的办法，想尽办法收回每一笔逾期贷款。另外，审贷委员会对激励和约束机制整体加以控制，银行中层管理人员对风险进行具体的评价和控制，责任清晰。有效的激励和约束机制带来了极佳的经济效益，到 2005 年 12 月为止，IPC 项目超过 30 天逾期贷款率仅为 1% 左右，累计贷款损失只有 0.5%。IPC 合作银行2003 年平均资本回报率约为 18%，高于当年世界十大银行平均 16.1% 的资本回报率。

通过分析不同国家小额信贷模式，可以看出各国小额信贷的共同点和不同点，总结出小额信贷的两个主要特征：一是经营主体具有自生能力；二是它们都带有非营利性组织的特点。中国的现实情况既和孟加拉国、印度尼西亚、印度这些国家有所不同，也和日本、美国这些发达国家有很大差距。中国的现状是由中国历史、文化、政治构架、经济发展阶段、人民受教育程度和基层组织形式等一系列因素构成的，这就要求中国的小额信贷的发展，在借鉴其他国家成功经验的同时，必须走自己的路。

附录 C　典型案例分析：格莱珉银行的贷款模式和制度设置 ①

20 世纪 70 年代，孟加拉国吉大港大学经济系教授尤努斯提出了农村小额信贷模式，并在实践中取得了巨大的成功。格莱珉银行诞生于贫穷的孟加拉国，以小额贷款服务于穷人阶层，为较难获得贷款的群体开辟了新的贷款途径。30余年间，格莱珉银行小额信贷模式有效地解决了孟加拉国农户抵押担保不足的问题。格莱珉银行帮助了数以亿计的贫穷人口，是当今世界规模最大、效益最好、运作最成功的小额贷款金融机构。

一、格莱珉银行的发展与创新特点

（一）第一代格莱珉银行

1976 年，尤努斯走访孟加拉国乔布拉村贫困家庭的时候，发现村民大多从高利贷者手中贷款用于生产，还贷后自有资金所剩无几，始终无法脱贫，被动

---

① 谢世清，陈方诺. 农村小额贷款模式探究——以格莱珉银行为例 []. 宏观经济研究，2017(1):148–155.

地陷入一种难以摆脱的贫困循环。他了解到村民之所以依赖高利贷，是因为银行往往以穷人没有抵押为由，拒绝提供贷款。他认为要让孟加拉国人民摆脱贫困的循环，就必须让他们通过正规途径获得贷款。在1976年，他进行了小范围的试验，尝试将27美元借给乔布拉村的42个人，贷款回收率较为理想。

1978年，在孟加拉国中央银行的支持下，尤努斯获得了推广乔布拉村成功经验的机会。尤努斯在坦盖尔地区开展了为期两年的格莱珉小额贷款项目，向当地居民提供全新的贷款模式，并构成了最初的格莱珉体系。1982年，尤努斯在全国范围内启动了五个地区的试点贷款项目。截至1981年底，累计发放的贷款总额达到1340万美元。

1983年9月，格莱珉银行正式成立，发展速度极快。1995年以前，该银行除了向中央银行借贷，还会接受慈善机构的资助，1995年后就不再接受资助，并且没有因此陷入困境。相反，格莱珉银行存款储蓄不断增长，信贷项目得到拓展，使它一直保持盈利的状态，并且于2006年创造了2000万美元的盈利，超过了孟加拉国所有其他的商业银行。该行累计发放的小额贷款总量达到57.2亿美元，令639万人受益，58%的借款人及其家庭成功脱离了贫困线（钟红涛，2011）。

（二）第二代格莱珉银行

1998年，格莱珉银行出现了严重的偿付危机。当时，孟加拉国近一半的土地遭受了史无前例的洪灾，造成了巨大的损失。外界的环境影响加上格莱珉银行自身的不足，带来了严重的危机。尽管从表面上看，会员们是由于洪水灾害造成损失而未能及时还款，但更深层次的原因是小组联保模式中固化的贷款模式和还款方式带来的弊端。2000年后开始转型，到2002年8月7日，格莱珉银行的所有分行都完成了转型，共涉及4100个村镇的1175家分行（李树杰，2007）。

如附表1所示，转型后的格莱珉银行被称作第二代格莱珉银行，在贷款方式及业务运营上都进行了较大幅度的改革。一方面，贷款方式更为灵活。第二代格莱珉银行给贷款者提供了两种选择，一种为基础贷款，另一种为浮动贷款。而浮动贷款比较灵活，贷款者可以根据还款能力选择贷款的期限，也可以根据收益选择每周还贷的数额。此外，如果一项贷款由于某种原因不得不推迟还款，贷款者还可以通过延长贷款时间来缓解压力。

附表1　第一代与第二代格莱珉银行的比较

项目	第一代格莱珉银行	第二代格莱珉银行
贷款类型	1. 基本贷款 2. 季节性贷款 3. 家庭贷款	1. 基础贷款 2. 住宅贷款 3. 教育贷款
利率	采用统一利率：10%	1. 创收目的型贷款：20% 2. 房屋贷款：8% 3. 教育贷款：5% 4. 乞丐贷款：0
偿付机制	1. 通常为一年期 2. 每周偿还固定数额	1. 任何期限的贷款 2. 每周偿还变动数量贷款 3. 允许将贷款期延长
存款机制	小组基金	1. 养老金储蓄户 2. 贷款保险储蓄账户 3. 其他形式的储蓄

资料来源：Grameen Bank. About Us-Other Families Organizations。

　　另一方面，业务运营上重视储蓄业务。第二代格莱珉银行增加了许多针对贷款者的银行存款项目。相比于第一代格莱珉银行采用的统一利率，第二代格莱珉银行针对不同的贷款群体提出了不同的贷款利率要求，使借贷更加灵活。通过对格莱珉存款数据的分析，可以发现采用二代模式后，银行储蓄和利润都有了较大幅度的增长，这两者对于银行的进一步发展至关重要（唐柳洁和崔娟，2010）。

　　（三）创新特点

　　首先，格莱珉银行的小额贷款主要面向妇女。一方面，在一定条件下，妇女能得到稳定的现金流。另外，孟加拉国工业基础薄弱，妇女们的手工产品不会受到太多现代工业品的冲击，这也就意味着她们的产品有足够的市场需求。另一方面，妇女更为节俭持家，在面对风险时更加谨慎。这两个原因都会使妇女更加审慎地使用贷款，从而提高了贷款被偿还的可能性。

其次，贷款申请人必须加入一个由相同经济与社会背景、具有相似目的的民众组成的五人支持小组。小组贷款采用"2+2+1"的贷款次序，即优先贷款给五人小组中最贫穷的两个人，然后贷款给另外两个人，最后贷给小组长。如果组内有人不能偿还贷款，考虑到自己的利益，其他成员会通过资金援助、技能传授、监管督促等方式帮助和支持小组成员解决还款问题。

二、格莱珉银行存在的不足之处

格莱珉银行作为革命性理念的制度化成果，在很大程度上解决了长期存在的贫困群体借款难问题。该行将贷款借给无抵押担保的贫困群体，通过有效的贷款模式和制度设置，建立了一个互信互助的银行系统。它作为普惠金融的创新实践，突破了传统金融服务的限制，其模式被100多个国家复制。格莱珉银行在成立的30余年间经历了种种危机，并通过对制度进一步的完善化解了危机，消除了部分弊端。但是，目前格莱珉银行模式仍面临诸多不足之处。

首先，格莱珉银行的功能定位存在争议。一方面，孟加拉国政府部分官员认为，如果格莱珉银行定位于慈善机构，就不应该收取利息，或者应该按照银行贷款的无风险利率收取利息。但是，格莱珉银行的一般贷款利息高达20%，高于商业贷款。另一方面，传统金融机构以利益最大化为目的，按市场供需规律收取较高的利息。格莱珉银行的定位是穷人的银行，但其收费并不比传统金融机构低多少。这样看来，格莱珉银行的定位既非慈善，也非商业。

其次，格莱珉银行与孟加拉国政府的关系也变得日益复杂。经过30多年的经营，格莱珉银行服务数百万人，具有巨大的影响力。在孟加拉国，银行和合作社向来被当作政治工具。独立的格莱珉银行拥有广泛的社会影响力，并和政府产生了矛盾。这间接导致孟加拉国中央银行和最高法院于2011年做出了尤努斯必须辞职的裁定。因此，银行应与政府形成良性的合作而非对立关系。

最后，格莱珉银行在其他国家的推广屡屡受挫。以印度为例，从 2005 年到 2009 年，小额贷款总额从 2.52 亿美元增加到 25 亿美元，资产回报率也在不断上升，接近 20%。高回报率吸引了大量资本入驻，导致滥发贷款、推高利率，行业风险不断积累。2010 年后期，印度发生了一系列公众事件，小额贷款出现大量违约。

五、格莱珉小额贷款模式对我国的启示

我国小额贷款规模虽然庞大，但发展基础较为薄弱，由于缺乏制度性的融资渠道、自身经营能力低下及合法身份缺失等因素的制约，公益性小额信贷机构在我国迟迟未能步入正轨。目前，我国小额信贷机构分公益性和商业性两种。格莱珉小额贷款模式的经验和教训对我国发展小额贷款业务的启发，主要体现在以下三点：

首先，农村小额贷款应重视关系共同体的价值。通过联保贷款体系，格莱珉银行能将坏账率控制在合理的范围内。由于不同国家文化传统不同，社会关系的特点和侧重也相应不同。因此，挖掘具有中国特色的关系融资模式，合理发挥联保贷款的优势，有广阔的前景。

其次，应明确农村小额贷款的功能和目的。事实上，小额贷款分为福利主义、公益性制度主义和商业性制度主义三种模式。在设计小额贷款机制时，应该根据社会的实际需求，设立具有不同功能和目标的公司。

最后，应注重农村小额贷款和机构监管之间的平衡。印度小额贷款公司盲目扩张和过度商业化的趋势，使相关公司在短期内获得较大利益。但从长远来看，这却让行业陷入了持续性混乱，使机构设立的目的和结果产生了较大的偏离。农村贫困人口的融资需求客观存在，提供服务的小额贷款公司理应持续发展。企业应加强自律，监管机构也要在发展和监管之间做到有效的平衡。

附录 D　典型案例分析：意大利绿色小额信贷制度考察 [①]

可持续发展是未来世界面临的主要挑战，与大部分欧洲国家的小额信贷机构主要提供创业贷款相比，意大利的小额信贷机构致力于发展社会小额借贷投资组合，它们的主要目标是促进社会包容，而不是企业推广、创造就业机会和减少贫困。意大利小额信贷机构主要关注小额信贷与健康、教育及环境三者之间的联系。小额信贷旨在强化微型企业家和现有的微型创业者的个人能力和专业能力，通过金融知识、预算、会计、企业策划、市场营销、成本定价等与其业务有关的职业培训，提高业务能力，从而有助于提高收入和福利，抵御因气候变化而带来的风险，因而"绿色小额信贷"越来越受到重视。作为捐助者，投资者和技术援助供应商已开始把环境因素纳入它们的业务中，虽然在这方面的经验仍然有限，但一些小额信贷机构确实开始制定相应的准则和开发新产品，寻求使客户在获益的同时，减轻对环境的影响，促进更加可持续的发展。

目前，意大利实行绿色小额信贷的途径有：减少微型企业内部的生态足迹，通过信贷创新服务，鼓励小额信贷所在区域内的微型企业在生产中尽量"低碳化"，比如尽量高效造纸、减少能源和合理用水等，以减低整体碳排放量。做到这一步的"环境管理"，非常有价值。但是，在特定的区域内，小额信贷机构还无法通过鼓励"低碳化"生产，产生最大化的、积极的环境影响。单个的微（小）型企业确实对环境的影响非常有限，但许多微（小）型企业活动产生的合力对环境影响巨大。小额信贷机构也可以对微（小）型企业从事其投资组合中造成重大环境风险的活动产生影响，它可能是在污染（如纺织印染）或天然资源的枯竭（例如烧炭）。现在各种研究已证明，这些环境风险可以转化为危害健康和安全的经济活动（如纺织染色、暴露于化学品和水的污染、森林砍伐等都威胁到可持续发展的木炭创收活动）。

与银行和其他公共机构建立合作伙伴关系。意大利的小额信贷机构与银行和公共机构构成"三角系统"，发展为合作伙伴关系，在致力于制定绿色培训机

---

① 陈胜.美国、意大利绿色小额信贷制度之分析与借鉴 [C].北京：北京国际环境技术研讨会，2013.

制、研究环境与社会问题风险管理机制及涉及环保的业务开发机制等方面产生更大的影响。通过一定的财政激励政策和财政部门的支持，开展绿色小额创业贷款，支持微型企业的创立或发展，并通过提供贷款优惠，鼓励微型企业从事环保产业或环境友好型产业，履行其环保义务。开发"社会"或"个人"小额贷款，在个人和家庭因气候环境改变而面临经济困难时，给他们提供援助，帮助他们克服这些困难，并防止气候改变对他们的生活和生产带来进一步的冲击或危机，从而改变传统的公共援助措施。同时意大利的小额信贷机构与银行和公共机构构成"三角系统"，积极参与"赤道原则"的推广，制定了一系列有关环境敏感行业的可持续发展绿色小额信贷政策，基于环境、经济和社会的综合视角，规定了其不提供或限制提供绿色小额信贷贷款支持的行业和领域。

附录 E　浙江省小额贷款公司现状调查问卷

1. 公司的组织形式：

股份有限公司□

公司现在的股东人数（人）：

2~10 □ 　　11~30 □ 　　31~50 □ 　　51~100 □ 　　101~200 □

有限责任公司 □

公司现在的股东人数：

2~10 □ 　　11~20 □ 　　21~30 □ 　　31~50 □

2. 对公司的贷款量由大到小进行排序：

①"三农" 　　②个人 　　③小微企业 　　④创业 　　　其他：_____

3. 目前公司资产规模约为：

500 万 ~2000 万元□ 　　2000 万 ~5000 万元□ 　　5000 万 ~8000 万元□

8000 万 ~1 亿元□ 　　1 亿 ~2 亿元□ 　　2 亿元以上□

4. 目前公司的月贷款利率最低为：

0.7%~1.0% □ 　　1.0%~1.3% □ 　　1.3%~1.6% □

1.6%~1.85% □ 　　1.85%~2.1% □ 　　2.1% 以上□

5. 目前公司的月贷款利率最高为：

0.7%~1.0% □　　1.0%~1.3% □　　1.3%~1.6% □

1.6%~1.85% □　1.85%~2.1% □　2.1% 以上 □

6. 大多数情况下，公司的贷款期限为：

一周 □　　　　半个月 □　　　　一个月 □　　　　一至三个月 □

半年 □　　　　一年 □　　　　一年以上 □

7. 审批贷款时，贵公司比较关注借款人的（选 1~2 项）：

所属行业 □　　信用程度 □　　担保措施 □　　盈利能力 □　　财务比率 □

8. 公司资金来源渠道中：

自有资金	10% 以下 □	10%～30% □	30%～50% □	50%～80% □	80%～100% □
商业银行	10% 以下 □	10%～20% □	20%～30% □	30%～40% □	40%～50% □
同业互助拆借	10% 以下 □	10%～30% □	30%～50% □	50%～80% □	80%～100% □
向股东借款	10% 以下 □	10%～30% □	30%～50% □	50%～80% □	80%～100% □

9. 贵公司在发放贷款时，贷款对象采用的担保方式中：

抵押	很少 □	较少 □	半数左右 □	较多 □	很多 □
质押	很少 □	较少 □	半数左右 □	较多 □	很多 □
保证	很少 □	较少 □	半数左右 □	较多 □	很多 □
信用	很少 □	较少 □	半数左右 □	较多 □	很多 □

10. 贵公司在经营中：

1. 流动资产占有率	很小 □	较小 □	一般 □	较大 □	很大 □
2. 资产负债比率	很小 □	较小 □	一般 □	较大 □	很大 □
3. 资金的周转率	很小 □	较小 □	一般 □	较大 □	很大 □
4. 股东权益占比	很小 □	较小 □	一般 □	较大 □	很大 □
5. 贷款损失率	很小 □	较小 □	一般 □	较大 □	很大 □

11.根据下列各指标，您认为贵公司：

1. 设立贷款期限的灵活程度	不强□	较强□	一般□	很强□	非常强□
2. 对贷款金额的限制	不强□	较强□	一般□	很强□	非常强□
3. 贷款利率灵活性	不强□	较强□	一般□	很强□	非常强□
4. 审批速度	不快□	较快□	一般□	很快□	非常快□
5. 要求担保方式的强度	不强□	较强□	一般□	很强□	非常强□
6. 硬件配备的优势	不强□	较强□	一般□	很强□	非常强□
7. 技术水平的优势	不强□	较强□	一般□	很强□	非常强□
8. 员工的职业素养	不强□	较强□	一般□	很强□	非常强□

12.在公司发展过程中，您认为下列因素对公司发展的影响：

1. 国家对利率政策上限放宽	不重要□	较重要□	重要□	很重要□	非常重要□
2. 税收优惠政策	不重要□	较重要□	重要□	很重要□	非常重要□
3. 国家放宽存款限制	不重要□	较重要□	重要□	很重要□	非常重要□
4. 政府公益性担保政策	不重要□	较重要□	重要□	很重要□	非常重要□
5. 国家的补助政策	不重要□	较重要□	重要□	很重要□	非常重要□

请按上述因素的重要程度进行排序从（"非常重要"到"不重要"）：＿＿＿＿＿＿

13.您认为公司当前的情况是：

1. 贷款量的增加速度	较慢□	中等□	较快□	很快□
2. 品牌价值的提高	较慢□	中等□	较快□	很快□
3. 内部激励政策	较差□	中等□	较好□	很好□
4. 风控能力	较低□	中等□	较高□	很高□
5. 盈利水平	较低□	中等□	较高□	很高□
6. 产品种类	较少□	中等□	较多□	很多□
7. 数据库的完善	较差□	一般□	较好□	很好□

注：数据库可以是指客户信息数据库、贷款历史记录数据库、贷款流程解析数据库等。

14.最新政策对小贷公司设立条件的放宽，您认为下列哪个因素影响最大：

入股上限放宽□　　　　　注册资本不设上限□　增资扩股金额不设上限□

可设立新的分支机构□　　发起人区域限制放宽□

15.最新政策对小贷公司融资渠道和比例限制的放宽，您认为下列哪个因素对

公司发展最有利：

融资比例可放宽到资本净额的100%□　　　小贷公司间调剂拆借资金□

可申请境内外资本市场上市融资□　　　　其他：_____

16.随着公司与银行、保险等金融机构合作的加强，为了增加服务方式，您优

先考虑下列哪种服务方式：

保险代理□　　租赁代理□　　基金代理□　　小额贷款保证保险□

17.如果公司不断发展，未来公司优先考虑发展成为：

不再做小贷业务，去做实业□　　村镇银行□

风险投资公司□　　　　　财务公司□

融资担保公司□　　　　　愿意被其他金融机构（如银行等）收购兼并□

其他：_____

后　　记

本书是笔者承担的浙江省哲学社会科学重点课题"小额贷款公司发展机制及路径选择研究——以杭州和温州为例"（12YD12Z）的延续和深化。在出版之际，作为浙大城市学院商学院的教师，我要对在本书写作、修改和出版过程中给予我帮助的所有的老师、同学和朋友们表示诚挚的感谢和衷心的祝福！

感谢浙江大学经济学院蒋岳祥教授，浙江省发展规划研究院殷志军副院长，浙大城市学院商学院张雷宝教授、谢文武教授及许多同事，在研究和写作过程中，他们给我提出了许多精辟意见和宝贵建议，使我得以在普惠金融小额信贷研究上不断深入和拓展。

感谢所有协助完成访谈和问卷调查的单位、小额贷款公司及股东、高管和员工，小微企业高管董事、中层及员工。在小额贷款公司访谈和问卷调查过程中，2010级和2011级浙江大学城市学院商学院的来自金融专业、财务专业和工商管理专业的几十位同学利用暑期社会实践参与了企业访谈和问卷发放和回收工作，他们的帮助使辛劳的调研工作成为一份美好的回忆，在此表示深深的谢意！

此外，还要感谢在出版过程中浙大城市学院杭州市工商管理一流学科和浙大城市学院数字金融研究院的支持。

在写作过程中，我阅读、汲取和引用了国内外许多专家、学者的研究成果，收获颇多，获益匪浅，谨向这些作者表示深切的感谢和敬意！由于笔者水平有限，时间等多方面条件的限制，本书难免存在疏忽和谬误，还恳请读者不吝指教。

李纪明

2023 年 7 月于杭州